光明社科文库
GUANGMING DAILY PRESS:
A SOCIAL SCIENCE SERIES

·教育与语言书系·

现代汉语社会称谓历时研究

孙现瑶 | 著

光明日报出版社

图书在版编目（CIP）数据

现代汉语社会称谓历时研究 ／ 孙现瑶著．－－北京：
光明日报出版社，2023.4

ISBN 978－7－5194－7136－1

Ⅰ．①现… Ⅱ．①孙… Ⅲ．①现代汉语—社会习惯语
—称谓—语言演变—研究 Ⅳ．①H136.4

中国国家版本馆 CIP 数据核字（2023）第 064273 号

现代汉语社会称谓历时研究
XIANDAI HANYU SHEHUI CHENGWEI LISHI YANJIU

著　　者：孙现瑶

责任编辑：王　娟　　　　　　责任校对：乔宇佳
封面设计：中联华文　　　　　责任印制：曹　净

出版发行：光明日报出版社

地　　址：北京市西城区永安路 106 号，100050

电　　话：010－63169890（咨询），010－63131930（邮购）

传　　真：010－63131930

网　　址：http：// book. gmw. cn

E - mail：gmrbcbs@ gmw. cn

法律顾问：北京市兰台律师事务所龚柳方律师

印　　刷：三河市华东印刷有限公司

装　　订：三河市华东印刷有限公司

本书如有破损、缺页、装订错误，请与本社联系调换，电话：010-63131930

开　　本：170mm×240mm

字　　数：205 千字　　　　　　印　　张：15.5

版　　次：2023 年 4 月第 1 版　　印　　次：2023 年 4 月第 1 次印刷

书　　号：ISBN 978－7－5194－7136－1

定　　价：95.00 元

目 录
CONTENTS

第一章　绪　论 …………………………………………… 1

一、称谓研究综述 ………………………………………… 1

二、研究意义和创新性 ………………………………… 13

三、研究对象和研究方法 ……………………………… 16

四、相关说明 …………………………………………… 20

第二章　社会称谓系统 ……………………………… 22

一、概念界定 …………………………………………… 22

二、社会称谓的分类 …………………………………… 30

三、自称和他称 ………………………………………… 34

四、单称和合称 ………………………………………… 44

五、通称和专称 ………………………………………… 47

六、职衔称谓 …………………………………………… 51

七、情感称谓和特征称谓 ……………………………… 55

八、拟亲属称谓 ……………………………………………… 61

九、零称谓 …………………………………………………… 62

第三章　社会称谓分期研究（上）（1840—1949 年） ……… **64**

一、晚清至民国初期（1840—1919 年） ………………… 64

二、新民主主义革命时期（1919—1949 年） …………… 76

第四章　社会称谓分期研究（下）（1949 年至今） ………… **86**

一、"十七年"时期（1949—1966 年） ………………… 86

二、十年"文革"及两年"徘徊"时期（1966—1978 年） … 98

三、改革开放二十年时期（1978—1997 年） …………… 103

四、互联网时期（1997 年至今） ………………………… 109

第五章　通称历时研究 ……………………………………… **132**

一、通用称谓语研究概述 ………………………………… 132

二、通称个例研究 ………………………………………… 135

第六章　社会称谓语认知与使用现状问卷调查 …………… **175**

一、第一次问卷调查及结果分析 ………………………… 175

二、第二次问卷调查及结果分析 ………………………… 188

三、小结 …………………………………………………… 210

第七章　结　论 ……………………………………………… **212**

一、研究成果 ……………………………………………… 212

二、预测和展望 …………………………………………… 215

附录 1　调查问卷样卷 1（2014 年） ················· **217**

附录 2　调查问卷样卷 2（2022 年） ················· **222**

主要参考文献 ································· **227**

后　记 ································· **240**

第一章 绪 论

一、称谓研究综述

（一）国内研究的历史和现状

称谓是人们由于亲属或其他方面的相互关系，以及身份、职业等而得来的名称。① 在语言学研究中，称谓一直备受关注。汉语称谓研究历史悠久，可追溯至秦汉时期。本书伊始，按照时间顺序，对国内称谓研究的历史进行回顾。

1. 古代称谓研究

古人极其重视称谓。据考证，"称谓"一词最早见于《后汉书·郎颛传》："今去奢即俭，以先天下，改易名号，随事称谓。"此时"称谓"为动词，并不接近现代对于称谓的定义。

《晋书·孝武文李太后传》中，"所谓"始作为各词出现：

虽幽显同谋，而称谓未尽，非所以仰述圣心，允答天人。宜崇正名号，详案旧典。

这里的"称谓"，也就是对人的称呼，与后世的含义基本接近了。

---

① 中国社会科学院语言研究所词典编辑室. 现代汉语词典：第 7 版 [M]. 北京：商务印书馆，2016：163.

汉语称谓的研究历史悠久,《尔雅·释亲》是我国最早关于亲属称谓的研究文献。之后,又有《小尔雅》《方言》《释名》《广雅》等。《隋书·经籍志》中记载"后周大将军卢辩撰《称谓》五卷",但早已经失传,无从考证。

明代于慎行《谷山笔塵》卷十三有"称谓"篇,顾起元《客座赘语》卷一有"父母称谓"篇。

清朝产生了三部称谓专著:周象明的《称谓考辨》、梁章钜的《称谓录》(1848)及郑珍的《亲属记》(1860年脱稿,1886年刊行)。梁章钜的《称谓录》是一部"稽古微今之作"(林则徐《〈称谓录〉序》),被誉为"此举洵为盛事"。全书共32卷,类目738个,词目5424条。书中与亲属称谓相关卷目11卷,与官称、职业、身份等社会称谓相关卷目21卷。

对于这部书的社会影响,有"家置一帙,人手一编,不待言也"的评价。梁恭辰在该书跋语中也说,《称谓录》未及成书,"而索观者接踵而至。"今人也有"至清梁章钜著《称谓录》三十二卷,始成规模,可谓称谓者传世之专著"的评价①。

《称谓录》是目前所能见到的最早研究称谓的专著,此书把古代称谓分门别类,荟萃成编,构建出了较为完善的汉语称谓体系,是对后世研究产生巨大影响的著作。

《亲属记》共2卷,系统收录了古今亲属称词语,并汇集了大量的文化考释,具有一定语言学、辞书学和文化史价值。

由此可见,古代关于称谓的研究,以辞书类成果最为丰富,多为释义和考辨,且亲属称谓是研究重点。

---

① 蔡希芹. 中国称谓辞典 [M]. 北京:北京语言学院出版社,1994:序.

2. 现代汉语称谓研究

早期现代汉语称谓研究也多为亲属称谓研究。影响较大的是冯汉骥，作为人类学家，在西方人类学和语言学理论基础上，冯汉骥撰有《作为中国亲属制构成部分的从子女称》（1936）、《中国亲属称谓指南》（1937）、《由中国亲属名词上所见之中国古代婚姻制》（1941）等有关亲属称谓研究的论文及著作，成果显著，具有重要的学术价值。黎锦熙的《"爸爸"考》（1933）、芮逸夫的《释甥之称谓》（1947）和《伯叔姨舅姑考——兼论中国亲属称谓制的演变》（1949）、俞敏的《释甥》（1949）等，也都是当时有关亲属称谓研究的重要成果。这些研究借鉴西方理论成果，理论和方法上较之前传统的考据、释义类研究有很大突破。

赵元任（1956）在美国《语言》杂志发表《汉语称谓》（Chinese Terms of Address）一文，对汉语称谓系统做了非常详细的描述，强调将面对面交谈时所使用的直接称呼语（vocatives）与指称他人的间接称呼语（designatives）区分开来，介绍了人称代词（pronouns）、姓名（proper names）、头衔（titles）、亲属称谓（kinship terms）四类。由于赵元任当时在美国，并没有经历新中国成立前后语言生活上发生的巨大变化，因此文章内容没有涉及新中国成立后汉语称呼语在使用上的各种变化，而且文中涉及的汉语称谓名称，并未使用汉语拼音方案，而是用接近国际音标的方式来表示，如用"fuh. Chin"表示"父亲"，"shian. sheng"表示"先生"等，这都与成文背景有关。这篇文章第一次较系统、全面地梳理了现代汉语称谓，在国内外汉语称谓研究史上都具有重要的意义，也为后世研究提供了二十世纪四五十年代汉语称谓的重要语料。

二十世纪六七十年代，由于中国社会经历特殊时期，学术研究几近停滞。

二十世纪八十年代，学术繁荣，称谓研究全面展开。一些语言学家开始关注称谓语通称研究。美国社会语言学家卡罗尔·迈耶斯-斯考藤与祝畹瑾（Carol Myers-Scotton & Zhu Wanjin, 1983），针对汉语中"同志"一词的一些用法，分析了当时中国人是如何通过"同志"一词与姓氏、头衔等搭配组合，表示复杂多变的社会关系的，充分展示了不同称谓的选用与社会生活变化之间的关系（杨永林，2004）。

另外，祝畹瑾的《"师傅"用法调查》（1984）采取观察、座谈、个别访谈等社会语言学方法，以调查报告的形式呈现研究结果。

黄南松《非教师称"老师"的社会调查》（1988）采用了问卷调查的方式，考察各种人士对"老师"的使用情况。通过调查发现，除了教育界之外，文艺界、新闻界以及广播电视界等人士也被称为"老师"，这说明"老师"这一称谓正处于扩大使用范围的过程中。根据他的调查结果，文艺界人士被称为"老师"的比例最高，而且离文艺界越近，使用的比例越高。为了探讨其原因，他又对被调查者进行询问，被调查者大都认为文艺界人士的文化修养较高，称他们为"师傅""同志"也不太合适，就称"老师"了（江诗鹏，2013）。

祝畹瑾在《汉语称呼研究———张社会语言学的称呼系统图》（1990）一文中，参照西方语言学家厄文-特利普（S. M. Ervin-Tripp）的美国英语称呼形式流程图，从社会语言学的角度对汉语称谓语的使用规则进行综合探讨，并将汉语称呼语系统及其使用规则绘成图表。祝（1990）将汉语称呼语形式分为六类，即亲属称呼、特殊亲属称呼、姓名、通用称呼、职衔以及零称呼。对于影响称呼语选择的因素，其研究结果表明在汉语称呼系统中，辈分和年龄起着至关重要的作用。社会关系、级别与身份以及正式场合与话题也起着重要的作用。她将汉语称呼系统和英语称呼系统做比较，认为交际双方之间的亲密程度可以抵消年辈差别的作用，而且当年龄和职业地位发生冲突时，职业地位会占优势（江诗鹏，2013）。

　　陈原《社会语言学》（1983）探讨了配偶称呼的变化及其意义，说明出现新的事物或关系时必然产生新语汇。石安石《亲属词的语义成分试析》（1982）运用语义学理论分析了汉语亲属称谓之间的语义对立，以及英汉亲属称谓的差异。胡明扬《北京话的称谓系统》（1981）注意到了称谓的复杂性，从社会语言学的角度分析了北京话的称谓及其社会语境。

　　伍铁平《论汉语从儿称谓和有关现象》（1984）从宏观方面把握汉语称谓的构词理据、使用机制，提出了"从儿称谓"① 这个概念，分析了产生这一现象的语言内部原因和社会原因（马丽，2005）。

　　这个时期，一系列汉语称谓辞书相继问世。王火、王学元编《汉语称谓词典》（辽宁大学出版社，1988）收词 1875 条，23 万字；鲍海涛、王安节编《亲属称呼辞典》（吉林教育出版社，1988）收词约 3500 条，28 万字；陆瑛编《简明称谓辞典》（广西民族出版社，1989）收词 6900 余条，40 万字，分为亲属称谓、社交称谓和职官称谓三类；韩省之编《称谓大辞典》（1990），收词 12000 余条，160 万字，古今中外称谓并收，以当代常用称谓为主。蔡希芹编《中国称谓辞典》，收词 6000 余条，101 万字，将称谓条目按类分为 25 编。

　　吉常宏编《汉语称谓大词典》（河北教育出版社，2001）收词约 30000 余条，354 万字。《汉语称谓大词典》无论在规模上、学术价值上还是在实用价值上都超过了以往的辞书。由不同辞书的收词数量可以看出，汉语称谓语系统是一个庞大、开放的系统，对称谓语内涵和外延的理解不同，各辞书收词原则和收词数量也就不同，无法穷尽。尤其是社会称谓语，随着历史进程和社会发展而产生或消亡，影响到整个称谓系统的变化。

---

① 冯汉骥在 1936 年提到 "teknonymy"（从子女称），赵元任在 "Chinese Terms of Address" 一文中，也提到这个概念 "teknonymy"。

吉常宏（2001）还发表一系列小文章，从"应具有历史文化常识、历史发展观念、对称和他称、谦称和尊称"等方面讨论正确使用称谓词的问题。

二十世纪九十年代的研究开始重视汉语称谓的文化性。汉语称谓的文化因素研究是这个时期的热点，李树新发表了《现代汉语称谓词与中国传统文化》（1990）等一系列有关称谓研究的文章。他认为随着社会制度的更替，文化观念的变革，平等原则和情感原则取代了等级原则成为现代汉语称谓词的主要原则。但由于中国原有的强大的文化传统，深深影响着现代汉语称谓，导致等级称谓依然存在。传统称谓词和现代汉语称谓词的差异反映了称谓词和文化之间的关系，称谓词缺位反映了新旧文化观念和新旧人际关系的差异，研究者正是从文化角度阐释了汉语称谓的发展演变。

二十世纪八九十年代出现了一批称谓语专著，如张龙虎著《古今称谓漫话》（1987），马宏基、常庆丰著《称谓语》（1998），田惠刚著《中西人际称谓系统》（1998），马鸣春著《称谓修辞学》（1992）等，这些专著对称谓语的研究颇为全面，也为后续研究提供了更多视角。

进入二十一世纪，对称谓语的研究更加全面，硕果累累。专书称谓语研究方兴未艾，研究对象主要是《水浒传》《红楼梦》《醒世姻缘传》等明清近代小说，或进行称谓语考释，或分析称谓与社会文化的相互关系，或研究称谓语的语义特征。刘丹青（1997）指出《红楼梦》中"姨妈""姨娘"分别指称母之姐和母之妹，这对词的语义切分，与姑类称谓的类似切分，在汉语方言和相邻语言中具有一定的类型意义，提出应重视纯语义层面的类型学研究。

李明洁（1996、1997、2000）提出称呼语的运用原则和协调理论，称呼语的社会阶层分析原则，并从认知模式的角度提出称谓图式的概念。

崔希亮（2000）《人称代词和称谓功能》认为人称代词可以作为一种

特殊的称谓形式，在交际中具有称谓功能。

杨永林（2004）通过对语言称代用法与社会关系、文化传统、意识形态、宗教信仰、贫富阶层、种族差异、年龄性别、职业性质、情感变化以及个人风格等十个方面关系的讨论，使我们对社会语言学称代研究的意义，特别是语言形式与语言功能之间的关系，有了更为充分的了解。

出现一系列学术水平上乘的博士学位论文。如胡士云《汉语亲属称谓研究》（2001）、陈毅平《〈红楼梦〉称呼语研究》（2004）、马丽《〈三国志〉称谓词研究》（2005）、胡剑波《冒犯称谓语研究》（2008）、贾娇燕《〈醒世姻缘传〉社会称谓研究》（2008）、徐小婷《晚清四大谴责小说称谓词语研究》（2009）、江诗鹏《泰国学习者汉语社会面称语使用状况研究》（2013）等。这些研究多集中于专书称谓研究或亲属称谓研究，社会称谓研究也有涉及。

历时的比较研究，是指研究者从称谓语的历史演变着眼，详尽描述某个称谓词在各个时期的发展变化，并努力摸索其演变规律（马丽，2005）。姚亚平《现代汉语称谓系统变化的两大基本趋势》（1996）在历时研究方面影响较大，指出现代汉语称谓系统变化的一个趋向是称谓系统的简化和称呼观念的平等化，另一个趋向是通称词语不时出现和社交观念不断增强。俞理明《说"郎"》（1999）探讨了"郎"从最初的职官名发展成对男子的美称，最后演变为一个平民化称谓的过程，指出这正是礼敬称谓词普遍使用后一般化规律的反映。《"先生"古今谈——兼论汉语词汇发展中核心义对词义蜕变的纠正作用》（俞理明，2003）指出"先生"从上古汉语至现代汉语两千年的使用中指称对象虽有很大的不同，但其核心语义未曾有变化，正是这固定的核心语义限定了汉语词汇的发展。这样的研究涉及了汉语词汇发展的内部机制。邵敬敏《"美女"面称的争议及其社会语言学调查》（2009）指出这类称呼的崛起是面称"缺位"与方言词语"仿用"引发的，通过"美女"与"靓女"的比较，发现后者的虚化泛化程度比较高，故认为"靓女"已经具备面称的资格。历时研究多集中在"同志""先生""小姐"等通用称谓语方面。

刘丹青（2005）评介郭熙《中国社会语言学》一文时指出，

汉民族的称谓文化早已引起众多研究者关注，可谓成果累累。作者也讨论了称谓问题，但他独辟蹊径，把重点放在了当代汉语社会交际中颇有特色的称谓缺位上（170~176页）。作者以细密的观察，无中见有，梳理出当代无称谓可用的多种类型，并且发掘了这些空缺背后的深层社会语言学因素：最突出的是男性中心观念，它造成了女性社会泛称缺乏、对某些类女子的配偶的称谓缺乏等不对称现象。此外还有尊上文化、外来文化的影响等因素。

胡明扬的《书面称谓和礼仪用语》（2011），用轻松幽默的笔调和生动的实例，告诉读者如何在不同场合、与不同关系的人交往时选用正确的礼仪用语。而且其书中附录列出二十世纪七十年代北京话的称谓系统，也为本书历时和共时研究提供了语料。

3. 现代汉语称谓语研究小结

有关现代汉语称谓语的研究，从研究领域看，涉及社会语言学、语义学、语用学、词汇学、汉语史研究等。

这些研究成果从形式上看，主要有期刊论文、会议论文、博士学位论文、硕士学位论文、词典、专著以及社会语言学或其他语言学论著中的相关章节，可谓成果浩瀚。其中以期刊论文数量为最，硕士学位论文也有相当比例，博士学位论文有十余篇。

从研究内容看，可分为以下几类：

（1）称谓概念界定和分类研究，如李明洁（1997）、曹炜（2005）、么孝颖（2008）等；

（2）亲属称谓研究，如冯汉骥（1936，1937）、刘丹青（1983，1994）、胡士云（2008）等；

（3）社会称谓研究，如贾娇燕（2008）等；

（4）综述/评述类，如郑尔宁（2005）、郑献芹（2006）等；

（5）专书研究，如马丽（2005）、贾娇燕（2008）等；

（6）断代研究，如果娜（2005）等；

（7）历时研究，如李明洁（1999）、姚亚平（2004）、曹国军（2004）等；

（8）词例个例/通称研究，如祝畹瑾（1984）、黄南松（1988）、邵敬敏（2009）等；

（9）比较研究和跨文化研究，如田惠刚（1998）、江诗鹏（2013）等；

（10）语用研究，如樊小玲（2004）等；

（11）缺位现象研究，如陈建民（1990）、郭熙（1997）等。

也有很多是综合研究，如（5）至（11）类都有可能涉及亲属称谓或社会称谓，或涉及其中的几个方面，不再单做一类表述。其中有关亲属称谓的研究成果最多，而社会称谓研究数量远不及前者，特别是历时研究的成果相对较少。

（二）国外研究的历史和现状

西方对称谓语的研究最早始于十九世纪美国人类学家摩尔根（Morgen，1870s）对人类家庭中血亲和姻亲系统的研究（张征，2007；么孝颖，2008）。他在 1871 年出版了《人类家族的血缘与姻缘制度》（Systems of Consanguinity and Affinity of the Human Family）一书，对亲属关系做了详细的论述，并归纳出几种主要亲属关系的系统模式，虽然摩尔根不是语言学家，但是他对亲属称谓系统的研究，对于语言学和社会语言学相关研究有着重大的影响（江诗鹏，2013）。

　　社会语言学产生后，语言学家开始重视称谓的研究。从传统语言学的观点来看，称代系统的研究内容似乎十分有限，不外乎表示一种逻辑概念上的"指示"与"替代"关系（the relationship between pointing and substitution），以及语法类属上的词性区分与形态变化规律（grammatical category and morphological configuration），社会语言学注重语言形式和社会意义之间的联系，社会语言学对称谓系统的研究，除了关注称谓语的指称意义之外，还关注称谓语的社会功能意义（杨永林，2004）。称谓语成为社会语言学研究的一个重要方面。

　　在《现代语言学词典》（A Dictionary of Linguistics and Phonetics, 2011）中，对 address（称呼①）一词释义如下：

　　一般用法是指"在直接的语言交往中指称某人的方式"，现已成为社会语言学的一个重要研究方面。对称呼语（forms of address, terms of address）的分析涉及不同社会环境中不同类型的参与者，提出的规则是为了解释说话人对称呼语的选择，例如在教名、职称、亲昵的代词之间做出选择。一些社会心理学概念，诸如"权势"和"共聚"，被认为是理解称呼系统（address system）的特别重要的因素；称呼系统就是一个说话人或群体使用的规则系统，它支配诸如 tu "你" 和 vous "您" 形式（T 形式和 V 形式）的选择使用。

　　在上述释义中所提到的"权势"和"共聚"，就是布朗与吉尔曼（Brown & Gilman）在 1960 年发表的《代词的权势与同等语义》（The Pronoun of Power and Solidarity）一文中所提的权势与同等（power and solidarity）。

　　称谓语一直是西方社会语言学界最关注的研究课题之一，尤其是从布

---

　　① "称谓"和"称呼"的区别将在第二章详细讨论。

朗与吉尔曼发表《代词的权势与同等语义》之后，称谓问题就得到语言学家的格外关注。布朗与吉尔曼（Brown & Gilman，1960），布朗与福特（Brown & Ford，1961）被认为是西方现代社会语言学对称谓系统进行研究的开创者（Braun，1988）。布朗与吉尔曼在 1960 年发表的《代词的权势与同等语义》（The Pronoun of Power and Solidarity）和布朗与福特在 1961 年发表的《美国英语称谓研究》（Address in American English）是称谓语研究范围内被引证最多的学术论文，被称为称谓语研究的经典之作。他们所提出的理论和研究成果得到广泛的认可，不仅体现出称谓系统中所蕴含的语义特征，而且也反映了交际双方的身份、社会地位以及亲疏程度等因素在称谓选用中起着重要的作用。

布朗与吉尔曼（1960）从历时的角度出发，主要采用剧本对话分析、问卷调查和访谈的研究方式，对英、法、德、意大利以及西班牙等多种语言中的代词系统（The Pronoun of Address）进行对比分析，他们发现这些语言的代词在发展过程中具有两个基本语义特征，即权势关系和同等关系（power and solidarity）。权势关系是通过社会地位来显示，主要包括交际双方在年龄、辈分、身份、财富、力量等方面的差异；同等关系则是通过社会距离来显示，主要包括交际双方在年龄、职业、兴趣、经历、宗教信仰、种族等方面的共同性。这两个语义关系分别由相应的拉丁词语 vos 和 tu 的首字母大写形式来标记，"V"表示礼貌客气的尊称形式（Respect and Politeness），"T"表示亲近随和的通称形式（Familiarity and Politeness）。布朗和吉尔曼的研究内容主要在于观察代词系统中"V"与"T"两种形式的非互换性（Nonreciprocal）和可互换性（Reciprocal）的情况。"V"与"T"的非互换性原则及其选用是由权势关系决定的。

权势高的人称呼权势低的人时一般会使用 T 形式，而权势低的人则会使用 V 形式称呼权势高的人；"V"与"T"的可互换性原则及其选用是由同等关系决定的，在权势关系相同的情况下，关系亲密的人一般会相互使用 T 形式，而关系疏远的人则会相互使用 V 形式。权势关系标记话语双方的社会等级地位，而同等关系标记话语双方关系的密切程度（张林玲，2007）。

布朗与福特在 1961 年发表《美国英语称谓研究》（Address in American English）提出，在美国社会中，称谓系统存在着三种语义模式：（1）彼此直呼其名（the mutual exchange of FN）；（2）彼此采用头衔加姓氏的方法（the mutual exchange of TLN）；（3）非对称性选择方式（the non-reciprocal pattern）。研究表明，美国称谓系统中的语义关系选择和一般意义上的对称形式的选择之间有着十分相似之处，都受权势与同等语义关系的制约；因受文化的影响，支配非对称性选择的因素可以是年龄的大小、职位的高低、性别的不同等；称谓系统中的语义关系选择呈现出权势一方拥有首选权的互动发展模式①。

厄文·特里普（Ervin. Tripp）采用计算机流程图模式，绘制出一张美国英语称谓系统流程图，如同形式语法描述一样，勾勒出美国英语称谓系统在一种近乎理想语言环境下的一般性选择原则，具有高度的概括性。同时也充分说明，称代语义关系的确定与选择，绝非像通常想象的那样简单明了。②

我们发现，无论是布朗和吉尔曼的代词研究，还是布朗与福特的美国英语称谓研究，都表明在西方语言中，称谓系统有基本规律可循，而汉语称谓系统相比较而言，则要复杂得多。

在英国社会语言学家法索尔德（Fasold）《社会语言学》（2000）一书

---

① （英）法索尔德. 社会语言学［M］. 杨永林，导. 北京：外语教学与研究出版社，牛津：布莱克韦尔出版社，2000：21.

② （英）法索尔德. 社会语言学［M］. 杨永林，导. 北京：外语教学与研究出版社，牛津：布莱克韦尔出版社，2000：21.

中，第一章内容即为 Address Forms，体现了称谓语在社会语言学研究中的受关注程度。该书第一章详细阐述了布朗与吉尔曼（Brown & Gilman，1960）提出的权势与同等语义理论关系，介绍了布朗与福特（Brown & Ford）及欧文·特里普（Ervin. Tripp）关于美国英语称谓的研究，还从跨文化比较的角度，考察了称代用法在"组间差异"和"个体差异"两个方面的表现。另外还介绍了两种亚洲语言——汉语和爪哇语中的称谓。

法索尔德（Fasold，1992）描述了汉语中"你"和"您"相当于西方语言中的"T"和"V"，描述了"同志""师傅""老板""先生""太太""小姐""大姐""老/小+姓"等汉语称谓形式，以及这些称呼形式由于中国社会背景和政治背景的改变而经历的历时变化，介绍了斯考特和祝畹瑾（Scotton & Zhu，1983）关于"同志"的调查研究成果。

二、研究意义和创新性

（一）前人研究的不足

在前人关于现代汉语称谓语的研究成果中，我们发现，少数期刊论文和学位论文存在概念不清、分类不明确、语料出处考查不严谨、所提观点值得商榷等问题。比如，邵敬敏（2009）关于"美女"和"靓女"的研究，文中关于缺位问题的叙述十分到位，但提出可用"靓女"代替"美女"的预测性观点，我们认为值得商榷。邵敬敏先生提出此观点，应是因其常年在粤方言区工作和生活，接触"靓女"这个用法较多，也较为习惯的缘故。而就笔者在北方长期的个人生活经验来看，"靓女"并不符合北方人的语言使用习惯，作为北方人，笔者过去很长一段时间都未听闻"靓女"的叫法。另外，我们进行了两次关于社会称谓语认知和使用的社会调查（2014，2022），调查结果也反映出：时至今日，"靓女"离开粤方言语境后依然不具有普适性。另外，该文中一条语料取自小说《新结婚时代》

（2006），作者是王海鸰，但她并不是邵敬敏（2009）臆测的"香港作者"，而是北方（山东籍）作家。同样的，另一条语料出自译著《肯尼迪》（1981），译者是"复旦大学世界经济研究所"，也不是什么"香港作者"。这样的"硬伤"，照理说不应该出现在邵先生这样的大语言学家的论文中，本是完全可以避免的。

还有一类问题是对称谓概念的界定和文章中所使用例词内涵和外延不统一的问题，收词过于泛化。比如"超生游击队""三军"（马、常1996）、"刘邓大军"（果娜，2005）、"本科、专科"（曹炜，2005）等，依照称谓概念的界定这些都不是称谓语，却被当作例词收入文中。

再如关于称谓语和称呼语概念界定的问题、社会称谓语分类的问题、姓名和代词是否属于称谓的问题等等，众说纷纭，莫衷一是。尤其是关于称谓语和称呼语界定的问题，或者将两者完全等同，或者过分强调两者的区别，这些都体现了汉语称谓系统的复杂性和多样性。

（二）研究意义、研究难度和可行性

在现实言语交际中，我们发现，汉语称谓的缺位问题一直存在，未能得到很好的解决，从历时社会语言学的角度来看，也是十分值得关注的语言现象。另外，我们常常感觉到在各种场合有称谓选择困难的问题，希望能从历时研究中得以解惑。

在资料搜集过程中，我们发现，有关亲属称谓的研究成果非常丰富，有大量颇具影响力的学术论文和一本专著问世，即胡士云《亲属称谓研究》（2008），而有关社会称谓的研究成果相对较少。称谓语的专书研究和断代研究方面也有不少成果，如《〈红楼梦〉称谓语研究》《〈三国志〉称谓词研究》《〈二拍〉称谓语研究》等，部分研究称谓语的博士学位论文已作为学术专著出版，如上所提《汉语亲属称谓研究》《冒犯称谓语研究》等；断代研究则有《解放战争时期社会称谓研究》《建国十七年政治运动与社会称谓研究》等。

另外，有关称谓的共时研究较多，历时研究较少。郑献芹（2006）提出目前对称谓词语的研究大多数都是静态的客观描述，缺少动态的历时研究。历时研究多限于期刊类论文，如《现当代称谓词的时代变迁及其成因考察》（戴云，2005）等，或专于某一词的历时研究，如《"先生"古今谈——兼论汉语词汇发展中核心义对词义蜕变的纠正作用》（俞理明，2003）。刘永厚所著《汉语社会称谓语的语义演变》（2017），梳理了汉语主要的通用社会称谓语的语义变迁史，分析了最新语义演变情况和社会评价。

本研究试图填补国内在现代汉语社会称谓历时研究方面的部分空白。

不可否认，本研究具有较大的难度，主要体现在：社会称谓系统较之亲属称谓系统更加复杂，更难描写和阐释；语料选择上时间跨度大，原始语料收集和整理工作量巨大；文献丰富，文献资料检索及处理工作量大等。

但是，前人丰富的研究成果，也为本研究提供了宝贵的参考资料，使本研究具有理论和实践上的可操作性。

（三）创新性

距离姚亚平（1995）提出现代汉语称谓系统变化的两大基本趋势已过去二十余年，正是中国迈入互联网时代的二十余年，在社会环境和语言环境都发生重大变化的背景下，汉语称谓系统也发生了量变和质变，其中社会称谓系统的变化最为突出。另外，姚亚平（1995）提出的两大基本趋势主要基于感性认识和定性研究，我们在历时研究上力图做到两点：一是验证这两大趋势，二是摸清变迁脉络，提出新的规律和特点，并尽可能揭示规律和特点背后的动因，回答社会语言学"为什么"的问题。

对于第二点，本书试图将布朗和吉尔曼（1960）关于代词的权势和同等语义关系理论引入汉语称谓语历时研究①，以此探寻变迁规律。

前人研究对社会称谓系统的分类众说纷纭，本书试图建立一套较准确、较全面、争议较小的社会称谓分类体系。

本研究将按照中国社会发展的阶段，把现代汉语社会称谓变迁时段划分为五个时段，这在前人研究中很少提及。

新媒体语境下社会称谓的变化显著，互联网时代产生的社会称谓语已经从虚拟语境进入现实言语交际，并产生深远影响，过去对这个时期称谓语的研究成果较少，本书尽可能全面描述和阐释互联网时期社会称谓语的变化特点。

发现现代汉语社会称谓系统的发展规律并对发展趋势加以预测，也是本研究试图完成的目标之一。

社会语言学研究语言的运用问题就是要回答"谁，在什么样的场合，对什么样的人，说什么样的话"这一核心问题（祝畹瑾，1990）。

三、研究对象和研究方法

（一）研究对象

"五四"时期的白话文运动被认为是现代汉语的源起，故本书研究的历史时期为 1919 年五四运动前后至今②。在这个时间范围内，曾经使用现在不用的"历史词"，如"红卫兵"等；或一度消失又重新"复活"的历史词，如"土豪"，以及现在正在使用的称谓语，都作为本书的研究对象。古代汉语中已有的称谓语，主要是晚清和民国初期，与"五四"以后的历史阶段有连续性，对现代汉语产生影响的，也会提及。

---

① 已有学者将该理论引入共时研究，如《权势与同等：师生称呼语的社会语言学研究》（张林玲，2007）。

② 如无特殊说明，下文标题和正文中"称谓语"皆指现代汉语称谓语。

需指出，称谓语既有背称也有面称，一般来说，背称具有书面色彩，面称具有口语色彩，称谓语中与称呼语重合的部分有口语色彩，所以本书中的称谓语研究不做口语和书面语的区别，前人关于称谓语的研究，也基本未做口语和书面语的区别。

一言以蔽之，本书研究对象是五四白话文运动以来（中国大陆地区）的汉语标准语——普通话①中的社会称谓语，主要研究的是现代汉语社会称谓语百年来的变迁。

（二）研究方法

本书主要运用社会语言学研究方法，结合词汇学、语用学和语义学相关理论，进行历时研究，并结合一定的共时研究，采取定性、定量相结合的混合研究路径。

历时的比较研究，是指研究者从称谓语的历史演变着眼，详尽描述某个称谓词在各个时期的发展变化，并努力摸索其演变规律。另外，在语言历时研究和共时研究的辩证关系上，张普、石定果（2003）指出，距离现代语言学之父索绪尔的《普通语言学教程》（1916）里提出历时语言学和共时语言学的概念，已近百年。百年中语言和社会的变化日新月异，现在的语言研究应该是"历时中包含有共时，共时中包含有历时"。这也是本研究所秉持的方法论，即历时研究中也包含共时研究，历时研究为主，共时研究为辅。历时研究为纵，共时研究为横。

称谓语的专书研究和断代研究方面已有不少成果，但历时研究仍有不少空间。特别是社会称谓历时研究较之亲属称谓历时研究空间更大。本书从社会语言学历时研究和语言变异的角度出发，以北大 CCL 语料库、国家语言监测与研究中心新词语研究资源库以及人民数据（网上包库）为主要

---

① 二十世纪五十年代以前称为国语。

语料来源，另外参考《现代汉语词典》第 5 版、第 6 版及第 7 版的新收词，运用定量、定性研究方法，对现代汉语社会称谓自 1919 年以来百年的历时变化进行梳理和研究。

本研究大胆尝试结合语料库语言学的理论和方法，对汉语实际应用环境中称谓语的真实状况以及报刊、有声媒体、文学作品、新媒体等文本中称谓语的使用状况进行定量分析，得出结论。

本研究还采取了问卷调查法和访谈调查法，以了解当下人们对社会称谓语的认知和使用状况。问卷调查共进行了两次，分别在 2014 年 2 月和 2022 年 5 月。第一次调查共回收问卷 296 份，全部为线上回收，有效样本 278 份，无效样本 18 份（答题时间过短、答案无区分度、存在逻辑矛盾等），有效率 94%；第二次调查共回收问卷 629 份，全部为在线回收，有效样本达到 100%。访谈调查法是指对不同性别、不同年龄、不同地域、不同受教育水平的受访者进行线下和线上访谈。

（三）语料选择

对历时社会语言学研究而言，语料库具有客观性、可能性、便捷性等优势，本书尝试将多个语料库应用于此研究。

我们以"北京大学 CCL 语料库"，国家语言监测与研究中心"新词语研究资源库"，"晚清、民国时期期刊全文数据料库"及"人民数据库"为主要语料来源；词典方面，主要参考《汉语称谓大词典》（吉常宏，2001）、《现代汉语词典》第 5 版（2005）、第 6 版（2012）和第 7 版（2016）新收词；除此之外，还参考历年新词语发布、互联网语料等。另外，1949 年新中国成立之前的两个历史分期（为减小语料处理难度）适当选取了反映当时语言特点的文学作品——"晚清四大谴责小说"、《白鹿原》、老舍文学作品等作为辅助语料。此外，前人研究文献也提供了各个历史时期的珍贵语料。因此，整个研究采用的是一个开放的语料选择范围，这也与专书或断代研究主要采用封闭式语料研究有所不同。

所用语料库及数据库简介：

（1）北京大学 CCL 语料库

CCL 汉语语料库总字符数为 783463175，其中现代汉语语料库总字符数为 581794456，古代汉语语料字符数 201、668、719 字。该库的中文文本未经分词处理，可支持复杂检索表达式及对标点符号的查询。

（2）国家语言监测与研究中心新词语研究资源库

"新词语研究资源库"是集研究对象和研究文献于一体的综合性、动态性资源库，包括新词语词库、研究文献库、传媒语料库、词汇变化图四个部分。

（3）晚清、民国时期期刊全文数据料库

包括"晚清期刊全文数据库（1833—1910 年）"，共收录了从 1833—1910 年间出版的三百余种期刊，几乎囊括了当时出版的所有期刊；以及"民国时期期刊全文数据库（1911—1949 年）"，收录民国时期（1911—1949 年）出版的两万余种期刊。

（4）人民数据（网上包库）

人民数据库是我国最大的权威党政时政数据平台，该库收录了《人民日报》自 1946 年以来的所有内容，且均可以查看"原版样式"。另外本库也收录了其他主流报纸和党报要闻摘录等，是一个权威党政、时政信息平台。

社会语言学的调查和研究，不限于采取单一的研究方法，在语料选取方面，根据研究需要，也不限于选择单一或封闭的语料范围。缘何不选取单一语料库，在此稍做说明：第一，因历时研究跨时长，以 CCL 现代汉语语料库为例，虽然跨时从 1919—2009 年，但"语料的密度问题"（苏金智、肖航，2012）仍是不可无视的；第二，CCL 语料库还有一个不小的缺陷，就是文本出处均未标示原文出现的年份，需要使用者在他处做进一步查证；第三，互联网时期出现的新称谓语，绝大部分在该语料库中没有体现，必须以其他语料库或语料文本作补充。

四、相关说明

（一）社会称谓研究分期

社会变迁往往带来新事物的产生和旧事物的消亡，而社会的变迁一定会引起语言的变化。在语言诸要素中，对社会变迁最敏感的是词汇，而社会称谓语作为词汇的一个部分，总是对社会变迁做出灵敏地反映。有的社会称谓一直沿用至今，但词义的内涵和外延或变或不变。如"先生"一词，俞理明（2003）指出"先生"从上古汉语至现代汉语两千年的使用中指称对象虽有很大的不同，但其核心语义未曾有变化，正是这固定的核心义限定了汉语词汇的发展。再如"同志"一词，它的全民使用度经历了一个类似抛物线的过程；有的称谓作为特殊时期的特殊产物，成为历史词，如"贫农""右派""黑五类"等；有的成为新词新语中非常有代表性，能产性很强的一类，如"~二代""~族"等。最引人注目的是，随着媒体语言特别是新媒体语言即网络语言对社会生活的强力渗透，影响日益强烈，有的历史性社会称谓语"复活"了，重新回到人们的语言生活中，如2013 年的年度热词"土豪"；再如"臣妾""小主""本宫"等历史词用于自称，则是受历史题材电视剧热播的影响。

按照中国社会发展的阶段和不同时期的语言面貌，本书将现代汉语社会称谓研究阶段划分为五四运动——新中国成立前，新民主主义革命时期（1919—1949 年）、建国十七年时期（1949—1966 年）、十年"文革"及两年"徘徊"时期（1966—1978 年）、改革开放二十年时期（1978—1997 年）、互联网时期（1997 年至今）五个阶段，每个阶段体现出不同社会称谓语的产生、语义分化和转移、消亡等，体现了历史发展、经济、政治及文化因素与语言变异的密切关系。另外为尽可能理清发展脉络，对晚清及民国初期（1840—1919 年）的称谓语面貌也做概述。

（二）本书体例

本书共七章，第一章为绪论，介绍国内外称谓研究的历史和现状，说明研究意义、研究对象和研究方法、指出前人研究不足，阐述本研究的创新性及预计成果；第二章介绍社会称谓系统，对称谓进行概念界定，建立本书社会称谓分类标准，并分别进行阐释；第三章阐述社会称谓研究的第一个主要历史时期——晚清和民国时期；第四章为第二个主要历史时期——1949 年新中国成立后至今；第五章为通称历时研究，将现代汉语主要社会通称如"同志、师傅、先生、小姐"等分别进行阐述，以及新的社会通称"美女""亲"等，还包括拟亲属称谓和零称谓；第六章为社会称谓语认知及使用状况问卷调查结果分析和研究；第七章为结论，概括研究成果，阐释社会称谓语历时演变的特点、规律及动因，对称谓语未来变化发展进行语言学预测，并对后续研究提出展望。

（三）其他说明

本书中，图、表、例以每章为单位进行编号；注释方面，每页重新编号。另，对提及较多的前人研究或参考文献，有时会用简称，如"马、常"指《称谓语》作者马宏基和常庆丰，"崔"指崔希亮，《现汉》指《现代汉语词典》，《大词典》或《称谓大词典》指吉常宏主编的《汉语称谓大词典》（2001 年出版），"CCL"指北大 CCL 语料库等。下文不再单独说明。

第二章　社会称谓系统

一、概念界定

（一）称谓、称谓词和称谓语

在"称谓语"本身的指称问题上，前人在研究中名称使用并不统一。主要有以下几种：

（1）"称谓词"。采用这一说法者主要有：李树新（1990）、吉常宏（2001）、戴云（2005）、马丽（2005）等。

（2）"称谓语"。采用这一说法者主要有：潘攀（1993，1995，1998，1999）、马宏基（1998）、李明洁（1997）、曹炜（2005）、么孝颖（2008）等。

（3）"称谓"。采用这一说法者主要有：籍秀琴（1996）、姚亚平（1995）、李明洁（1997，1999）、胡士云（2001）等。

（4）"称谓词语"。郑献芹（2006）认为以上三种名称均不准确，提出"称谓词语"这一说法。

我们认为，"称谓词"必然不够恰当，因为有的称谓是"语"不是"词"，如"警察叔叔""老男孩"等；"称谓词语"略显繁复，不便于称代，而"语"可以包含"词"。"称谓"和"称谓语"是"语言"和"言语"的关系，因此在本研究中，涉及称谓系统时，使用"称谓"，涉及具体称谓类别或称谓词语时，使用"称谓语"，并认为称谓可以是称谓语的简称。故本书中"称谓"和"称谓语"并用，两者不存在矛盾。

（二）称谓语和称呼语

关于称谓语和称呼语的界定，有以下几种观点：

（1）称谓语和称呼语一体说。孙维张（1991）认为"称谓就是称呼，就是人们在交际中怎么称呼别人和自己"，《辞源》和《汉语大词典》都以称呼解释称谓。此说忽略了某些称谓语不能直接被用来称呼对方而只用于间接指称的功能（么孝颖，2008），抹杀了两者的区别和差异（曹炜，2005）。有一些称谓语，如"丈夫、妻子、爱人、教师"等是不能用于直接称呼对方的，当面称呼仅仅是称谓语使用的一种形式，相当一部分称谓语只能用于背称。称谓语的范围比称呼语大，称呼语是指可以用于面称的称谓语，如果把称谓语与称呼语等同起来，就会把大量具有称谓语性质的词语排除在外。

（2）包含说。认为称谓语包含称呼语，称谓语是人们用来表示彼此之间的各种社会关系及身份，而称呼语是称谓语中一部分，主要用来当面招呼。"称谓"是指人们由于亲属或其他方面的相互关系，以及身份、职业等而得来的名称，如父亲、师傅、厂长等；"称呼"是指当面招呼或背后指称用的表示彼此关系或对方身份的名称，如同志、哥哥、主任、李老师等（《现代汉语词典》，2016）。杨应芹（1989）认为"称谓"一词有广义和狭义之分，广义包含所有人的名称，狭义是专指人们可以用来相互称呼有关的名称。这一看法也受到质疑，因为有一部分称谓语是单向的，即甲方可以用某一称谓语称乙方，乙方却不能用同一称谓语称呼甲方，如人们把大学里具有高级职称的人称为"教授"，教授却不能用它称呼一般人。如果将称谓语定义为一种相互的称呼，就会把一部分称呼语排除在外（马宏基、常庆丰，1998)。

(3) 差异说。认为称谓语和称呼语既有密切的关系，也存在明显的差异。遑永顺（1985）认为称谓语和称呼语具有交叉意义，但两者的概念不相同，称呼语是当面招呼使用，表示彼此关系的词语；称谓语则是对他人的介绍，表示身份的词语。马宏基、常庆丰（1998）将称谓语界定为：其指称对象是人的，由于身份、职业、性别等而得来的，反映了人们的社会关系的一套名称。称谓语和称呼语是两个既有联系又有差异的概念，这种界定既可以表明称谓语的指称对象，也可以指出称谓语的特点，反映了人们的各种社会关系。

(4) 广义狭义说。称谓语被认为是广义用法，包含所有人和事物的名称。称呼语被认为是狭义用法，是当面招呼用的表示彼此关系的名称（《新华汉语词典》，2004）。此种说法模糊了称谓语和其他普通名词的界限，否定了称谓语的人际指称功能。

曹炜（2005）对马宏基、常庆丰对称谓语的界定进行了修正和补充，认为他们只注意到称谓语中有一部分不能用于面称，而没有注意到称呼语中也有一部分是并不表示彼此间的各种社会关系的，如"老曹、小黄、秋娟、奇奇、钱理、吴汉江"等，而且使用表示彼此关系来限定称呼语也不太妥当，这样会将"老曹"等姓名称呼排除在称呼语范畴之外。因此，他认为称谓语是人们用来表示彼此间的各种社会关系以及所扮演的社会角色等所使用的名称，而称呼语则是人们彼此间当面打招呼所使用的名称。

么孝颖（2008）把称谓语界定为表示人们相互间的各种社会关系以及所扮演的社会角色等的一套名称系统。根据言语事件的语境变量，把称呼语界定为在言语交际中，处在一个言语事件两端的讲话者和受话者，通过一定的渠道（口头、书面或电讯）交际时直接称呼对方所使用的名称。

由此可见，称谓语的界定至今依然众说纷纭，但从以上的定义也可以看出称谓语的本质。称谓语除了具有指称功能之外，还能反映出人们相互之间的各种社会关系及所扮演的社会角色，因此不表示任何社会关系或社会角色的名称一定不是称谓语。与用于当面招呼的称呼语相比，称谓语的使用范围更加广泛，有些称谓语既能用于面称也能用于背称，有些称谓语只能用于面称或背称。这反映了称谓语的性质，也反映了称谓语和称呼语的差异。

本书认为，称谓语和称呼语确实是两个既有联系又有区别的概念，但是也不赞成将两者的关系过分复杂化。《现代汉语词典》对"称谓"的定义并没有太大问题，同时本书也基本认可曹炜（2005）和么孝颖（2008）对称谓语的界定，即称谓语是人们用来表示彼此间的各种社会关系以及所扮演的社会角色等所使用的名称。在这里，表示社会关系和社会角色是并列的，满足其中一个条件即可，如"父亲""叔叔""同志"等表示人们彼此间的社会关系，"服务员""农民工""贪官""北漂"等是社会角色。另外，对于社会角色，我们采取广义的理解方式，认为包含职业、身份、地位以及基于社会评价的角色等。如果按照马宏基、常庆丰（1998）对称谓语的界定，一定要反映社会关系才行，而一些表示社会角色的名称，并不能反映社会关系，就被排除在称谓系统之外了。在社会称谓中，表示所扮演的社会角色的要多于表示社会关系的。对于称呼语的界定，本书基本认可么孝颖（2008）的看法。

本书依据大多数学者的观点，认为称谓语和称呼语依然是包含关系，称呼语即称谓语中用于面称的那一部分。不认可曹炜（2005）将姓名列为称呼语而非称谓语的观点。

另外，在上一章国外称谓语研究综述中，可以发现，西方关于称谓语的研究，基本是关于称呼语的研究。这似乎说明，其他语言的称谓语和称呼语系统，远不及汉语复杂。

（三）称谓语和指人名词

关于称谓语的界定，还有可能出现的问题是外延过大，将一切指人名词看作是称谓语。安志伟（2010）认为指人名词包括称谓语，范围比称谓语要大，一般所说的称谓语指的是社会称谓和亲属称谓，而还有一些指人的固定语，如"落水狗""眼中钉""旱鸭子""大男大女""狐群狗党"等，这些也都不用于称谓和称呼，但却是指人的词语；另外，两者的使用场合也不同，称谓语和称呼语是从指人名词的功能出发、研究指人名词在社会交际中的功能及其变化时采用的术语；而指人名词则是从词汇学的角度命名的，运用词汇学理论研究指人名词的结构和意义，指人名词的词汇组织结构、组合关系以及在动态中的运动变化等采用指人名词这一术语。

我们认为，综合来看，称谓语和指人名词的外延具有较大的重合性，而从内涵来看，一个主要属于社会语言学范畴，一个属于词汇学范畴。

（四）亲属称谓系统和社会称谓系统

现代汉语称谓系统可分为亲属称谓系统和社会称谓系统。这个分类基本无太大争议。

陈毅平（2004）在研究称呼语时提出，人们一般按称呼者和被称呼者的关系把称谓系统分为两类：亲属称谓和社会称谓。用于称呼家人及亲属的叫亲属称谓，用于称呼家庭成员以外的社会成员的叫社会称谓。

曹炜（2005）按照人们的社会关系和所扮演的社会角色将称谓语分为亲属称谓语和社会称谓语。他指出人们的社会关系主要指的是亲缘关系，属于亲缘关系的称谓语叫作亲属称谓语。人们所扮演的社会角色，主要涉及人们的身份、地位、职业等，表示人们所扮演的各种社会角色的称谓语叫作社会称谓语。属于人们的社会关系的友邻关系称谓语一般也归作社会称谓语。

我们认为，拟（泛）亲属称谓如"大爷、大妈、阿姨、大叔、哥、姐"等，属于社会称谓系统，因为它反映的实际上是非亲属社会关系。当然，也有学者将其列入亲属称谓系统，如崔希亮（1996）。

（五）面称和背称

崔希亮（1996）提出现代汉语称谓系统首先可以分为面称和背称。面称就是称呼性称谓，背称就是指称性称谓。如亲属称谓的"爸爸、妈妈"是面称，"父亲、母亲"是背称。有些称谓面称和背称同形，如"舅舅、老王"等。

李树新（1990）将称谓词分为对称、叙称、自称。他认为："对称是当面称呼听话人的称谓，对称时被称呼人一定在场；叙称，是叙述到某人的称谓，叙称时被称呼人可以在场也可以不在场。"姚亚平（1995）也提出称谓有"自称""面称（对称）""背称（你称、叙称）"等不同。对称和叙称的提法已不多见。

李明洁（1997）提出，称谓语中具有自我描述功能的为面称语，不具备者为背称语；面称语中具有"导入——维持功能"的为称呼语（亦叫对称语），不具备者为自称语。

邵敬敏（2009）提出面称、旁称与背称三类。向别人提及第三人时使用的称谓就是旁称，比如，"我来给你介绍一下，这位是王教授"。这句话里面，"教授"可用作旁称。旁称这一提法在代词研究中较多，旁称代词是用来泛称说话人和听话人以外的人的词。现代汉语中的旁称代词一共有五个，分别是"人家、别人、人、旁人和他人"（瞿颖华，2005）。

本书仍采取大多数学者认可的分类分式，分为面称和背称两类。社会称谓中，如过去一般认为"大夫"是面称，"医生"则是背称；"护士"一般用于背称，极少用作面称，"护士长"则可以用作面称。"老师、同学、教授"等既可以用作面称，也可以用作背称。这一内容将在第六章详加讨论。

　　需说明一点，面称不仅限于真实面对面使用的称谓，还有电话、网络聊天等，虽不是真实面对面，但说话人和听话人处于交际的两端，是直接交流，也都是面称的使用语境。所以，我们把面称的使用语境界定为面对面交流、打电话、网络交流如网络语音/视频聊天、IM（网络即时通信）客户端聊天（如微信、QQ 聊天等）、网络社交平台交流、电子邮件往来等。

（六）姓名和人称代词

　　曹炜（2005）认为如"老曹、小黄、秋娟、奇奇、钱理、吴汉江"等等，它们只是"当面招呼用的"，是称呼语，而不是称谓语。

　　我们认为姓名称谓既属于称呼语，也属于称谓语，并作为社会称谓系统的一类专门讨论。没有必要把它们只看作是称呼语而不是称谓语。当然，单纯的姓名问题，如名、字、号的区分，起名方式等，不属于称谓问题，本书也不做讨论。

　　赵元任（1965）在《汉语称谓》一文中列出四类，其中包括人称代词（pronouns），讨论了"你、我、他、你们、我们、他们、咱们"等代词。

　　西方称谓研究中，提出了代词的权势和同等语义这一重要观点（布朗与吉尔曼，1960），讨论了西方多种语言中"你"和"您"的不同用法。

　　大多数学者在讨论称谓问题的时候并不涉及人称代词，"因为他们认为人称代词不属于称谓词语，不应该在称谓中讨论它们"（崔希亮，2000）。崔希亮（2000）则认为人称可以作为一种特殊的称谓形式看待，第一个理由是人称代词除了具有指代功能以外还具有称谓功能，第二个理由是在汉语人称代词的发展史上可以看到许多人称代词与称谓有密切的关系，有些人称代词就是称谓词语变来的，如上古的第二人称"子""公"，中古的第一人称"奴""妾""儿""老""子"，第二人称"君""卿""先生"，实际上这些是最常见的、使用频率很高的称谓形式。他认为现代汉语的人称代词有 13 个，分别是"我、你、您、他（她）、我们、你们、他（她）们、咱们、人家、咱、大家、各位、诸位"。

郑尔宁（2005）认为称谓语按照词类大致可以分为称谓名词和称谓代词，称谓代词也就是人称代词，这些词语并不能体现人与人之间的关系，所以一般在称谓语中不讨论，将它们归为代词类。

贾娇燕（2008）认为人称代词属于代号性社会称谓。

我们认为，姓名和人称代词都属于称谓，称谓语是名词性的，在讨论称谓系统时，首先分为代词性称谓和名词性称谓。讨论社会称谓语时，不讨论人称代词。

综上所述，本书讨论的主要是名词性称谓系统。

（七）历史称谓和新兴称谓

针对本书所做的历时研究，我们提出"历史称谓"和"新兴称谓"这一对概念。狭义的历史称谓指古代汉语中存在，现代汉语中消失的称谓语，而近现代历史时期出现又消亡的称谓语，有学者称之为"泛历史词"。我们认为历史称谓和新兴称谓都是相对而言的，一个时期由于社会变化产生的称谓语，于当时而言是新兴称谓，于现在而言则是历史称谓。即使在互联网时期，由于语言变化的速度更快，在二十世纪末产生的称谓，距今不过二十多年，在今天来看已经觉得"过时"了。比如"网虫、美眉、青蛙"等。

（八）小结

称谓语是人们用来表示彼此间的各种社会关系以及所扮演的社会角色等所使用的名称，与称呼语既有联系又有区别。称谓语和指人名词的外延具有较大的重合性，从主要研究层面来看，一个属于社会语言学范畴，一个属于词汇学范畴。从反映的社会关系和社会角色来看，我们将称谓系统分为亲属称谓系统和社会称谓系统，从指称上分为面称和背称。另外，姓名和人称代词都属于称谓，称谓语是名词性的，在讨论称谓系统时，首先分为代词性称谓和名词性称谓。本书讨论的主要是名词性称谓系统。

二、社会称谓的分类

（一）前人分类标准概说

关于社会称谓的分类，至今没有统一的标准。各分类标准之间既有区别也有联系，既有共性也有个性。在此选取有代表性的学者观点加以说明。

1. 二十世纪八九十年代分类标准评述

祝畹瑾（1989，1990）在其汉语称呼系统图中，将称呼语分为六类：（1）亲属称呼语；（2）特殊亲属称呼语，即"爷爷、奶奶、叔叔"等可用于非亲属关系的亲属称呼语；（3）姓名，包括全名、小名，老/小+姓、名等；（4）通用称呼语，指"同志、师傅、老师"等可广泛应用于同一社会范畴内各成员的称呼语；（5）职衔，即职位和头衔；（6）Ø，零称呼语，指用"喂""劳驾"等日常用语来打招呼，或者用指称听话人所从事的工作或正在进行的活动来呼唤对方，如"民警""骑自行车的"。

这里面提出的一个重要分类就是Ø零称呼语。除了第（1）类亲属称呼语外，其他几类都属于社会称谓语。

马宏基、常庆丰（1998）按照不同的标准，多角度地对社会称谓语进行分类。主要有以下几种：（1）按照称谓语适用的范围分为通称、职业称、特征称、专称五类。其中特征称是"反映了某类人共同特点的称谓语，如球迷、美食家等"。此类称谓语不是一种职业，而是反映了被称谓者的共同特点或共同爱好，一般不用于面称。专称指专门用于某个特定人物的称谓语，又分为姓名称和特名称两个小类。（2）按照指称对象的数量来分，分为单称和合称两类。而合称里还有一种群称，如"追星族"等。

（3）按照称谓语构成的形式来分，分为单纯称谓和复合称谓两类。他们还在常用社会面称中（社会称谓语中可以用于面称的）提取出五种基本的构成成分，按照一定规则组合成不同的面称。

崔希亮（1996）没有首先将称谓系统分为亲属称谓和社会称谓，而是根据称谓词的交际功能，分为以下九个层次：代词称谓、亲属称谓、社交称谓、关系称谓、职衔称谓、谦敬称谓、姓名称谓、亲昵称谓和戏谑称谓。这个分类里面，代词和姓名都包含在内。

2. 二十一世纪分类标准评述

丁安仪（2001）将社会关系称谓分为四类：泛称社会关系称谓，如"同志""师傅"等；借称社会关系称谓，即我们说的拟亲属称谓，如"大姐""叔叔"等；还有职务职业社会关系称谓和俗称社会关系称谓，最后一类有"哥们儿""爷们儿"等。

曹炜（2005）将社会称谓语分为职业称谓语、职称称谓语、职务称谓语、身份及友邻关系称谓语、泛称（亲属泛称）称谓语五大类。其中身份及友邻关系称谓语是"将职业称谓语、职称称谓语、职务称谓语等无法涵盖而又不属于泛称称谓语的社会称谓语统统包容在其中"。并分为学衔/学历系列、友邻系列、级属/主客系列和社会评价系列。社会评价系列又分为褒扬称谓语，如"英雄、好汉、女杰"等；骂詈称谓语，如"懦夫、孬种、软骨头、狐狸精"等；性状称谓语，如"少年、少女、大姑娘"等。这些称谓语大多只能做背称称谓语，只有极少的一部分如"博士、朋友、好汉、壮士"等以及部分骂詈称谓语可以做面称称谓语。

郑尔宁（2005）将社会称谓按照它们的交际功能分为六个层次：社交称谓、关系称谓、职衔称谓、谦敬称谓、亲昵称谓和戏谑称谓，指出社交称谓又称礼貌称谓，主要用于社交场合或者有特殊身份和地位的人，如"先生、女士、小姐、太太、夫人、阁下、陛下、殿下、总统"等；关系称谓是反映人和人之间的社会关系，如"老师、朋友、同志、师傅、老板"等。

郑尔宁（2006）还就称谓名词分为亲属称谓语、拟亲属称谓语、社交称谓、关系称谓、职衔称谓、谦敬称谓、亲昵称谓和戏谑称谓八类。

贾娇燕（2008）按照语法、意义和用法的差异，将社会称谓分为三大部分：代号性社会称谓（人称代词）、身份性社会称谓和色彩性社会称谓。代号性社会称谓包括人称代词和人名字号等。身份性社会称谓是一般意义上的社会称谓，它直接指称称谓对象的社会身份或社会角色，被称谓词典收录，主要包括职业称谓、属性称谓、关系称谓、官宦称谓等。色彩性社会称谓分为礼俗色彩称谓和方言色彩称谓两种类型。

李晓静（2007）认为社会称谓语包括姓名称谓语、职务称谓语、通用称谓语、拟亲属称谓语和零称谓语。

胡剑波（2008）以冒犯称谓语为研究对象，将蔑称、贬称、绰号、詈称、倨称等都视为冒犯称谓语。

3. 小结

我们可以看出，以上不同的社会称谓分类中，有两类称谓几乎都有涉及：一是通称，不同研究者有不同的指称名称，但内涵相等或相似，如"通称称呼语"（祝，1990）、"通称"（马，常，1998）、"反映社交关系的泛称称谓语"（曹，2005）、"社交称谓"及"关系称谓"（郑，2005）等。

二是职衔称谓，作为表社会身份的称谓大类，应包括职业称谓、职务称谓、职称称谓等。

色彩性社会称谓是非常新颖的提法，具有概括性和包容性。

（二）本书分类标准

在综合分析前人各种分类标准的基础上，我们认为，一个科学的分类标准应该尽可能用简洁的分类概括全面的内容。这是一对矛盾。为尽可能全面，我们选取多个角度、多个层次来进行分类说明。

我们吸取众家之长，将社会称谓系统分为四个层级。第一层级是代词性称谓和名词性称谓。代词性称谓分为第一人称代词、第二人称代词和第三人称代词，本书不做讨论。名词性称谓按照指称对象分为自称和他称，即第二层级，自称分为谦称和非谦称两类。按照指称对象的数量，分为单称和合称，即第三层级，合称又分为复称和群称两小类。最后，按照指称范围和方式，我们把社会称谓分为通称、专称、职衔称谓、情感称谓、特征称谓、拟亲属称谓和零称谓七类。其中专称包括姓名称谓和特名称谓两小类，职衔称谓包括职业称谓、职务称谓、职称称谓等，情感称谓包括敬称、蔑称、戏谑称、昵称、詈称等。

我们用下面这个层级图来表示：

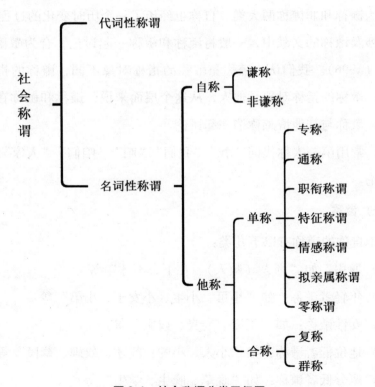

图 2.1　社会称谓分类层级图

需要说明的是，从第二层级到第四层级，并不是完全的上下位关系，比如第三层级和第四层级中，通称、特征称谓等，也可是合称，只不过在称谓形式上看上去是一致的，为方便表示，我们姑且都放在单称下面。再如专称里面的姓名称，拟亲属称谓里的"哥""姐""爷"等，也可以用于自称。

三、自称和他称

从指称对象来看，称谓可分为自称和他称，一般在人称代词系统中讨论，或分为自称、对称和他称，分别对应人称代词的第一人称、第二人称和第三人称。名词性称谓语也可分为自称和他称，自称用于指称自己，他称用于指称他人，可以指听话人，也可以指不在场的第三人。本节讨论自称，分为谦称和非谦称两大类。自称也经历了一个历时变化的过程。

在涉及谦称的文献中，一般将谦称和敬称一起讨论，合为敬谦称，如崔希亮（1996）。我们认为谦称和敬称的指称对象不同，谦称的指称对象是自己，敬称的指称对象是他人，从这个层面来说，谦称和敬称在本书分开讨论，敬称与其他情感称谓一起讨论。

另，常用第一人称代词"我""我们""咱""咱们""人家"等本书不做讨论。

（一）谦称

用于自称的谦称有以下几类：

（1）通用：如"鄙人（敝人）、在下、不才"等。

（2）年轻者谦称：如"小可、小生、小女子、小弟"等。

（3）女性谦称：如"臣妾、妾身、奴家"等。

（4）地位低者谦称：如"小人、小的、奴才、奴婢、草民"等。

（5）辈分低者谦称：如"晚辈、晚生、学生"等。

（6）年长者谦称：如"老朽、老夫、老身、愚兄"等。

（7）职官谦称：如"下官、下臣、卑职、末将、属下"等。

（8）僧道谦称：如"贫僧、贫道、贫尼、老衲"等。

（9）帝王、后妃、皇亲谦称：如"寡人、孤、哀家"等。

这些谦称绝大部分来自古代汉语，在当下言语交际中已鲜少使用，一般出现在书信或非当代题材的文艺作品中。如：

[例1] "至于说 X 光专家，实在不敢当，不过鄙人从小对这方面就发生浓厚的兴趣。"

（周而复《上海的早晨》）

[例2] "小可与全真派的过节，今日自认是栽了。但盼全真教各人自扫门前雪，别来横加阻挠小可的私事。"

（金庸《神雕侠侣》）

[例3] 朱恽轩坐不是，站也不是，连连说："折煞老朽了，折煞老朽了。都快起来，这是怎么说的？兵荒马乱的，还祝什么寿？……"

（电视剧《历史的天空》）

[例4] 方唐镜："大人，不才听到消息说，包龙星收了戚秦氏三万两银子，现在后堂一屋子都是银两哦。"

（周星驰喜剧剧本选《九品芝麻官》）

[例5] 南希振振有词，"……察月下社会歌舞升平，文恬武嬉，骄生惰、惰生奢，奢生淫，小女子虽肩负重望，也只得流于一般——我不来怨你，你反倒将些大道理说给谁听呢？"

（王朔《谁比谁傻多少》）

[例6] 龙小云道："每件事都有很多种说法，晚辈本也可将此事说得委婉些，但帮主日理万机，晚辈不敢多扰，只能选择最直接的说法。"

（古龙《小李飞刀》）

[例7] 甲：实不相瞒，<u>在下</u>不才，我也是个京剧演员。

乙：噢，您是演京戏的？

甲：我是唱白脸末的。过去啊，我在南京住班的时候，做了个堂会。①

（《中国传统相声大全》）

[例8] 矮老者知道再纠缠下去，只有越加出丑，向张无忌抱拳道："阁下神功盖世，<u>老朽</u>生平从所未见，华山派认栽了。"

（金庸《倚天屠龙记》）

以上诸例中，【例5】虽为当代背景，但说话者南希设定的却是一个虚拟机器人的角色，并非现实生活中的人物，说话反而有文言色彩。其他几例语境皆为古代或近代背景。

汉语中的谦称反映的是一种礼仪之邦极端抑己的文化心理，并将此视为谦虚、懂礼、有教养的表现。是中国文化中与礼仪、礼数、礼教相关的长期心理积淀。正如以下文章中所说：

传统的中国人又非常谦虚，他们叫自己的文章为"拙作"，他们建议你把他的画拿去"补壁"（遮墙壁的洞），把他的书拿去"覆瓿"（封坛子口），他说自己的小孩是"犬子"，自己的太太是"拙荆"（笨手笨脚的乡下人），他的房子是"寒舍"，他自己是"鄙人"（边远地区不识礼的人）；连中国的皇帝都要称自己做"寡人"（没有道德的人）或"孤"（没人理会的人）。

（桑科《戏说中国人》）

而西方社会强调自我，在英语中，第一人称代词 I 无论何时都是大写。所以英语中没有关于"我"的谦称形式，这与汉语有很大不同。

---

① 据考证，这段相声文本出自相声名家张杰尧（1893—1971）的作品《罗成戏貂蝉》，于二十世纪三十年代在北京首演。新中国成立后，张杰尧将此作品与《关公战秦琼》等作品一起，传于中央人民广播电台说唱团。

用布朗与吉尔曼（1960）的理论来看，汉语的谦称都属于 T 形式，而这个 T 形式与年龄、地位、性别等有一定关系，但不是必然关系，因为年长者、地位高者、男性也有相应的 T 形，这是汉语的特殊现象。

虽然谦称在当下言语交际中罕有使用，但有一种特殊场景，即网络语境中，多样性的存在、个性化的追求使得各种形式的称谓都有迹可循。如在网络社交平台上，各种谦称的使用仍不鲜见。见下几例：

[例9] 也许遗憾的艺术，也许有点洁癖，或完美主义者，<u>在下</u>不太喜欢晒自己作品，以致不少导演或编剧认识三年，忽然问：新华书店那本畅销书竟是你写的！

（源自微博）

[例10] 一老外居然和我辩论说英语比中文难！你妹的！就拿一个"我"字来说。男的可以用<u>爷</u>，女的用<u>老娘</u>，皇帝用<u>朕</u><u>孤</u>，皇后用<u>哀家</u>，百姓用<u>鄙人</u>，老人用<u>老夫</u>，青年用<u>小生</u>，和尚用<u>贫僧</u>，道士用<u>贫道</u>，粗人用<u>俺咱</u>，文人用<u>小可</u>，豪放可以称<u>洒家</u>，婉约可以叫<u>不才</u>，对上称<u>在下</u>，对下称<u>本座</u>，平民称<u>草民</u>。你们就 I 和 me。

（源自网络，原出处不详）

（二）非谦称

非谦称自称分为"本人/本……"类自称、拟亲属称谓自称、特定身份自称、姓名自称、方言自称以及网络自称几类。

1. "本人/本……类"自称

"本人"在《现代汉语词典》（第 7 版，2016）中标注为人称代词，其中一个义项为"说话人指自己"。"本"字词条用于自称的只有这一条。《汉语称谓大词典》（2001）中，列有"本道、本宫、本府、本官、本帅、本司、本县、本院"等几例，另外，还有未收入此部词典的"本座"等。这些都可以看作是有一定职业、职位或身份的人，用于自称时"本人"的变体。如：

[例 11] 心湖大师脸上变了变颜色，厉声道："未得<u>本座</u>许诺，本门弟子谁也不许妄动，否则以门规处治，<u>绝不轻贷</u>……知道了么？"

（古龙《小李飞刀》）

[例 12] "啊，你们放心，<u>本官</u>已以自己的身家性命，在皇上面前替乔东家作了保，保他不是长毛一党！"

（电视剧剧本《乔家大院》）

除"本人"外，其他皆为旧称，故《现汉》未收。而网络社交平台上"本座""本宫"等俯首皆是。随举几例：

[例 13] 点开大图可知实习生招聘岗位最新情况，酷炫到底的主题图花了<u>本座</u>好长时间呢！

（源自微博）

[例 14] 这拼插快把<u>本宫</u>眼累瞎了！半个多小时都给它了。……

（摘自作者朋友圈）

武侠小说中的门派领导人物、武功高手以及文学、影视作品中的国民党将领多自称"本座"（多为反派），而"本宫"是古时皇后、妃嫔、太子、公主等的自称。现在这些在网络上被广泛用于自称，多是受网络小说及历史题材影视作品热播的影响。

网络语言中还出现了"本二代""本宝宝"等仿用的自称。

2. 拟亲属称谓用于自称

最早被用于自称的拟亲属称谓有"老子""老娘""爷"等，如今又有"哥""姐"用于自称，且趋于流行。

在《汉语称谓大词典》（2001）中，将"老子（你老子）""老娘""爷（你爷）"等用于自称的，称为"倨称"。倨称多有桀骜不驯、傲慢之意，多用于非正式场合，与谦称相对。使用倨称者多为身份、地位等居于下层者，却选择了这种 V 形式用于自称，如：

[例 15] 也许我们这些外地人对暂住证特敏感吧，我将一肚子火都发泄到售楼小姐身上："老子有的是钱，老子买房不是暂住，是常住北京，知道吗？"小姐被我吓得一愣一愣的。不过，暂住证最终还是让吴琼给办了。

（《中国北漂艺人生存实录》）

[例 16] 她手一推，自己爬了起来，嘴还硬得很："老娘我从小挨打，鸡毛掸子在我身上断了几根，怕你们那些嫩拳头？几十个打我一个，什么东西！"

（严歌苓《金陵十三钗》）

也就是说，"老子""老娘""爷"是"你老子我""你老娘我""你爷我"的简略形式，最开始是存在真实亲缘关系的父辈对子辈的自称，后来泛化为拟亲属称谓用于自称，而带有了说话时心理上"占对方便宜"的意味，有了倨称的感情色彩。"老子"后来在网络语境中出现了谐音变体"劳资"。

"哥"用于自称也是始于亲属关系中的"你哥我"。如：

[例 17] 达庆扯着喉咙喊道："我想什么？乔家的生意就是我的生意，我不能听任乔致庸胡来，乔家要是被他败光了，你哥我的五万两股银就没有了，以后我们一家子喝西北风啊？"

（《乔家大院》）

后来，"哥"用于自称并在网络上流行开来，比如 2009 年网络流行语"不要迷恋哥，哥只是个传说"，以及后来的"哥抽的不是烟，是寂寞"。

"姐"用于自称，也是"你姐姐我"或"姐姐我"的简略形式，2009 年之后流行了一段时间，也是对"哥"用于自称的仿用。

[例 18] 红菱眼一挑，笑道："乔治舍不得冻坏姐姐我，对吧？"

（严歌苓《金陵十三钗》）

周杰伦 2022 年 7 月最新发布的歌曲《最伟大的作品》中，歌词第一句即用"哥"作为自称："哥穿着复古西装，拿着手杖，……"

"哥""姐"用于自称，说话者对听话者设置的是平辈语境，因而谈不上是倨称，但也绝不是谦称。

3. 特定身份自称

帝王、皇室自称：如"朕、本宫、本王"等。

学术论著中，作者常用"笔者"自称。

4. 姓名自称

姓名自称有以下几种：

（1）全名或小名用于自称；

（2）"姓名+其他称谓"用于自称；

（3）"姓+某"或"某"用于自称。

如某大学沈姓老师上课时会称自己为"沈老师"或"全名+老师"，常自言"沈老师觉得……""沈×老师告诉你们，……"，而成为其个性化的标签之一。

一些中小学老师，也习惯用自己的姓加上"老师"来自称，特别是上网课时，如"同学们有没有看到李老师的共享屏幕"，这里的"李老师"即自称。

全名或小名用于自称，其实源于儿童习得语言初期，一岁半至两岁左右初学说话的幼儿，还不能掌握人称代词，不会使用"我"来称呼自己，但会叫自己的名字（或小名），所以刚会说话时都是以自己的名字（或小名）来称呼自己。现在有些成人会用这种方式自称，其实是潜意识里模仿儿时的话语机制，反映了其心理年龄与实际年龄的落差。

"姓+某"用于自称也较常见，有时则直接用"某"，可以看作是省略了前面的姓。

［例19］那拉氏止住说："那可不行，依某愚见，须等恭亲王来，由咱们同他计议，第一是皇上御玺，须早早收藏，不能落在那两个混蛋手内。"

（《西太后艳史演义》）

［例20］"……挖不掉他的眼睛，也要割掉他的鼻子，马某向来不放弃一刻的良机。"

（曲波《林海雪原》）

5. 方言自称

北方官话方言区如北京、山东、东北、河南等地的自称"俺"。

陕方言区的自称，发音类似普通话中的单韵母 e 前加后鼻音 ng，因没有相对应的文字，网络上一般用"额"来代替。

南方一些方言区如沪方言区、苏方言区的自称保留了古汉语自称"吾"。

［例21］刘梅打量了一下马老师，目光也渐渐聚焦在春花身上。"俺，俺是……俺是打这儿路过的，上来唠唠嗑，这会儿该走了哈。"春花顾不得桌上的香水，夺路而逃。

（《家有儿女》）

［例22］佟湘玉："额错咧，额一开始就错咧，额如果不嫁过来，额滴夫君就不会死，额夫君不死额就不会沦落到这个伤心的地方……"

（《武林外传》网络文本）

电视剧《武林外传》的热播及其网络热度的经久不衰，人物设定为陕西籍的女主角佟湘玉表情包的大火，以及佟湘玉口头禅"额滴神"的广为流传，使得原来仅限于陕方言区的自称"额"（音似）在网络语言中迅速流行起来，成为一个存在感较强的自称。

6. 网络自称

狭义的网络自称，指专用于互联网语境下的自称，有以下几种情况：

（1）"我"的谐音变体，如"偶""窝"等。

"偶"在网络上用于自称并一时风头无两，大抵在2004年之后几年。究其源头则在于台湾综艺节目《康熙来了》2004年某一期的嘉宾许纯美。她独特的"国语"腔令人印象深刻，自我介绍时的"我是许纯美"听上去发音接近"偶素许纯美"。网友纷纷用"偶""偶们""偶素（我是）……"来模仿许纯美的发音，竟使得"偶"成为彼时最火的网络自称词。

"窝"用于自称的出现，归因于近年来网络语言中"万词皆可谐音"的风气。

（2）用本人网络ID来自称，相当于姓名自称。

（3）借用于他称，自称与他称同形。如"群主""主页君""楼主""po主""博主""层主""up主""阿婆主"①"小编"等。

其中，"楼主"的使用时间较长，"主页君"和"po主"则是2010年之后开始流行的自称方式，当下使用较多的则是"楼主""博主""up主""小编"等。如：

[例23] 关于微博内容，做个小调查~你觉得PO主最近发的内容有什么需要改善的以及你希望PO主以后多发那些内容~希望亲们给个评价。（·ω·）丿

（看看新闻网，2013年6月20日转引自微博）

[例24a] "在主页君很小的时候，月饼还是一种很奢侈的零食。每年中秋，爸妈单位发了一盒包装很精美的月饼，都要留着招待客人。只有等过完节，没有客人再来了，才会拿出来分给我们吃。"一位自称"主页君"的网友日前在自己的空间写下这番话。

（《人民日报》海外版，2012年9月28日）

---

① up主：是指在网站上上传音视频文件的人。"阿婆"是"up"的英文发音音译。

［例24b］"在<u>主页君</u>很小的时候，月饼还是一种很奢侈的零食。每年中秋，爸妈单位发了包装很精美的月饼，都要留着招待客人。只有等过完节，没有客人再来了，才会拿出来分给我们吃。"一位网友日前在自己网上的空间写下这番话。

（《人民日报》海外版，2013年9月18日）

上例是很有意思，是【例24a】里，文章作者还没有意识到"主页君"在这里是自称，以为是网友的 ID，审稿人也没发现这个纰漏，体现出彼时纸媒和网媒的语义理解"代沟"；再看【例24b】，到了第二年中秋节，《人民日报》的文章用了同样的例子，这时就意识到"主页君"是自称了。

广义的网络自称，则指所有出现在网络上的自称形式，包括了以上所有形式。像"本宫""偶""劳资""哥""姐""（本）宝宝"等，都曾经在网络上风靡一时，也会出现在诸多网络文学作品中。还有一个颇为有趣的语言现象，就是"老夫"在网络上用于自称，突破了性别的限制，出现"老夫的少女心"这样的表达。

［例25］（刑警 A）"你抄下来的减肥秘方。"

（刑警 B）"胡说，<u>宝宝</u>不胖！<u>宝宝</u>只是腹直肌锻炼得比较强壮！"

（淮上《破云 2：吞海》）

（三）自称的历时变化规律

汉语自称的使用经历了一个由繁至简，由抑至扬，由"爷、娘"至"哥、姐"，古为今用，最终在网络上"百称齐放"，全民"自嗨"的过程。抛开网络上纷杂的自称使用现状不谈，从权势与同等语义原则来看，现代汉语自称语也经历了 V 形至 T 形的过渡，从 V 形占绝对优势，到"V+T"并存，再到 T 形为主的局面。而反映在自称中的 V 形，就是谦称（因为自谦等于对他人表示敬意）。

网络平台自称使用的多样化，源于求"新"、求变、"求同"和"存异"并有的群体心理及自我认可。

四、单称和合称

按照指称对象的数量来分，可将称谓语分为单称和合称两类。单称指指称对象是单一的个体的称谓语，合称指指称对象是两个或两个以上的人的称谓语（马宏基、常庆丰，1998）。大部分称谓语都是单称，本小节主要讨论合称。

本书将合称分为复称和群称两类。

（一）复称

复称可理解为单称的复数形式，构成方式主要有：

（1）单称前加数量词，如"两位同学""几个朋友"等；

（2）单称后加"们"，如"同志们""女士们、先生们"等；

（3）指称对象固定为两个以上，无对应单称，如"师兄弟""师徒"等。

（二）群称

1. 群称的内涵和外延

马宏基、常庆丰（1998）认为群称的指称对象是一个整体，甚至是一个阶层、阶级，并举了"工人阶级、半边天、农民兄弟"等例子。我们认为这个表述将群称的外延扩大了，因为"工人阶级""半边天"等，指称对象已经抽象化，不再指具体的人。群称的指称对象应是一个群体，同时这个群体的单个成员也可用相同的形式指称，如"革命党人""八路""蚁族""农民工""水军""驴友""富二代""粉丝""网红"等。

社团或机构组织名称、军队名称等，指称对象是一个整体，严格意义来看，他们的指称对象虽然由人组成，但已抽象化为一个组织，如"同盟会"是组织名称，"刘邓大军"是军队名称，而不能看作称谓语，因为我们不能说"他/她是一个同盟会/刘邓大军＊"，只能说"他/她是同盟会/刘邓大军的一员/成员"。而"八路""红军""解放军"等，可用于单称，属于称谓语。

判断指称对象是一个群体的词语是不是群称，进而是不是称谓语，我们可以代入下面这个句式：

他/她是（一个/个）N。

代入后如果句子成立，则是群称，进而是称谓语；反之，如果句子不成立，则不是。

所以，像"代表团""旅行团"等，指称对象是一个群体，代入后句子不成立，不是称谓语。

2. 群称的功能

群称往往具有符号化的标签功能。

（1）时代标签功能。

如晚清时期的"帝党、后党、清流党"等；辛亥革命时期的"革命党人"；抗日战争时期的"八路、红军"等；解放战争时期的"解放军"；抗美援朝时期的"志愿军"；新中国成立后"十七年"时期的"走资派、右派"等；"文革"时期的"红卫兵、黑五类、红五类、牛鬼蛇神"等；改革开放初期的"万元户"；以及当下的"独二代、蚁族、北漂、五毛党、水军、80后、职粉、斜杠青年"等。

［例26］我要命也不会想到和这样一个红五类交朋友，和一个女红卫兵谈恋爱，这倒是挺带劲的。

（冯骥才《一百个人的十年》）

［例27］没有北京户口、远离在广西的工作单位……着一身黑衣的张艺谋调侃自己："我是个十足的'北漂'。"

45

（新华社 2003 年 3 月份新闻报道）

近几年流行的新生称谓语中，群称数量不在少数。"~族、~二代、~党"等是典型的群称，且具有较强的能产性。

（2）群体概念化标签功能。

群称体现了"人以群分"，是对一个群体的共同特征高度概括的语言形式，因而是典型的标签式的词语。

很多群称同时具有这两个标签功能，如"清流党、蚁族、北漂、基民、80 后"等。

3. "单复同形"

我们尝试借用英语的可数名词和不可数名词，以及单复数同形的语法概念，来分析汉语中的群称。

英语中指人的单复数同形的词有：Chinese（中国人），Japanese（日本人），Swiss（瑞士人），police（警察），people（人民），youth（青年人）等。有类复数标记-s 而单复数同形的词有：glasses（眼镜），trousers（长裤），clothes（衣服），works（工厂）等。

汉语的群称中，"~族、~二代、~党、~军、~民、~友"等，如同带有复数标记，既可以指一个群体，也可以指这个群体中的个人，是可数名词，同时单称与合称的形式相同。而他们作为单称时，既可以在前面加表示数量的词，如"几个五毛党"，也可以在后面加"们"，如"富二代们"。另一方面，大多数单称也都是单复数同形，同时也可以加"们"。如"十几个同志"和"同志们"，"四五个大妈"和"大妈们"。

可见"~族、~军、~党"等只是语义层面的复数形式，并不是语法化的复数标记。

五、通称和专称

（一）通称

通称指社会通用的一类称谓语，可以看作通用称谓语的简称。通称有"同志、先生、小姐、女士、师傅"等，近年来，也有"亲""美女""宝宝"等加入通称的行列。

有的研究者将通称称为社交称谓或礼貌称谓。

通称是称谓语研究特别是称谓历时研究的重要切入点，在本书第五章将详细阐述。

（二）专称

专称是指专门用于某个特定人物的称谓语（马宏基、常庆丰，1998）。又分为姓名称谓和特名称谓两小类：

1. 姓名称谓

很多研究者将姓名排除在称谓之外，或者将姓名看作是称呼语而非称谓语。我们采取马、常（1998）的观点，将姓名称谓放在专称之列。

姓名称谓有以下几种形式：

（1）全名。

（2）老/小/大+姓。如"小王、大刘、老李"等。

（3）名（不加姓）。如"建国、翠花、萱萱"等。

（4）姓（不加名）。基于汉语以双音节词语为主的语音特点，这种方式一般用于复姓，如"司马、诸葛、欧阳"等，但也有单姓直接称姓的情形，如直接称呼"张""孙"等。见下例：

［例28］"孙，你什么时候回去？还有三天的假，处长可厉害！""我，黄鹤一去不复返，来到青岛，住在青岛，死于青岛，三岛主义，不想回去！"

（老舍《丁》）

［例29］有一天，吃过晚饭后，大家又在一起玩。王新兰左顾右盼，

像在找谁，陈赓凑过去悄声问："<u>王</u>，是找肖华吧？"

（《作家文摘 1995》）

（5）姓+通称或职衔称谓。

这是言语交际中很常见的一种称呼方式，如"王老师""李院长""赵书记"等，并且衍生出"姓+职衔称谓简称"的形式，如"李总（经理）、王校（长）、陈院（长）、骆队（长）、何工（程师）、谢导（演）"等。这种形式背后的语言学原理也很好理解——既符合语言的经济性原则，又体现出汉语以双音节词语为主的语音特点。

［例 30］"<u>骆队</u>，手能借我一下吗？"

（priest《默读》）

（6）名+通称或职衔称谓。如"小平同志""杰伦先生""中天老师"等。

"名+称谓"体现的是一种即亲切又不失礼貌、尊敬的表达方式，是很典型的"T+V"相结合的形式。另外不难发现，出现这种形式的名字一般为双音节名，单音节名基本未见。见例：

［例 31］"<u>小平同志</u>让我们填饱了肚子，用上了票子，住上了房子。我们永远怀念你！"小平故居留言簿上一句质朴的话语，道出了普通百姓对他的深切缅怀。

（《新华社 2004 年新闻稿》）

（7）老/小+姓+通称。如"小王同志、老李师傅"等。

［例 32］"<u>小王同志</u>，你看怎么整法？"李大个子皱着眉毛问。

（周立波《暴风骤雨》）

这种形式多用于面称。

（8）全名+通称。如"鲁迅先生、刘少奇同志"等。

［例 33］"<u>鲁迅先生</u>，我昨日才知道，一旦过去的事不必再说了……"

（《读者合订本》"周作人与鲁迅绝交信"）

［例34］毛主席见我给他拍照，就问："凌子风同志，你怎么不演戏了?"

（《1994年报刊精选》）

需指出，"全名+通称"这称形式，多用于背称，较少用于面称。用作面称时，多出现在严肃场合语境或书面交际中。如【例33】，是用在书信中。

（9）姓+拟亲属称谓。

这也是一种日常语境中常见的称呼形式。如"张哥、王姐、李爷、赵叔叔、刘阿姨"等。

（10）姓+某/某某/某＊（＊为名字最后一字）

这种形式一般只用于背称，常出现在新闻、公文通报中。如下图通报中的"马某某"：

杭州市国家安全局依法对马某某采取刑事强制措施

新华社　2022-05-03 10:57　发表于北京

图2.2　新华社通报一则

语用分析——

称全名有以下几种情形：

（1）认识但不熟悉的人之间。

（2）上位者对下位者，如上司对下级，老师对学生，年长者对年轻者等。

（3）熟人之间但是情绪处于负面状态，如生气时、吵架时。

（4）传达不友好的附带情感信息。

有一种例外，即全名为两个字时，因单称名为单字，不方便称呼，则熟悉的人全名如果是两字名，也会称其全名，并不传达不友好的信息。这依然是由于汉语以双音节词为主的节奏性使然。

[例35] 张："<u>刘秀芬</u>，我告诉你，你说话可得负责任啊。"

（《编辑部的故事》）

[例36] 武修文仗剑上前，喝道："<u>李莫愁</u>，你今日恶贯满盈，不必多费口舌、徒自强辩了。"

（金庸《神雕侠侣》）

[例37] "<u>何建国</u>你给我听着，你上大学的钱，现在早就超额还给他们了。从你刚开始工作，月月给他们钱，还给他们买东西，查查看，你们家哪个带'电'字儿的东西不是我们买的？电话都是我们给装的！"

（王海鸰《新结婚时代》）

2. 特名称谓

特名称谓意即专指于某一指称对象的称谓语，如"老佛爷"多用来专指慈禧太后，"末代皇帝"指溥仪，"体操王子"指李宁，"西部歌王"指王洛宾，"大衣哥"指草根歌手朱之文，"洪荒少女"指国家游泳队运动员傅园慧，等等。

近几年来出现了很多特名称谓，如"虎妈""狼爸""表哥""房姐""Hold 住姐""奶茶 MM""表情帝""范跑跑""国民媳妇"等，并一度成为热词。从来源看，特名称谓很多为媒体造词，首现于新闻报道中。

"~哥、~姐、~叔、~妈、~爸、~帝"等作为类词缀，产生的新称谓多为特名称谓。有还"国民~"系列，先后出现了"国民岳父""国民老公""国民媳妇""国民闺女"等专称。

某个特名称谓也有可能被借来指代另一个指称对象。如"老佛爷"被时尚界用来专指已故法国设计师卡尔·拉格斐（Karl Lagerfeld）；在足球界则专指皇家马德里俱乐部主席弗洛伦蒂诺。他们的共同点是都拥有行业内独一无二的地位和话语权。

［例38］有许多知名设计师，像时尚界的"顶梁柱"、被称为"<u>老佛爷</u>"的卡尔·拉格斐就出生在德国汉堡。

（《人民日报海外版》2021年6月3日）

特名称谓更是具有典型的标签化指称作用。

3. 既是姓名称谓，也是特名称谓

一些用于国家领导人的专称，比如"毛委员""毛主席""周总理""习总书记""习大大"等，既是姓名称谓，也是特名称谓。

新媒体语境中，受益于大流量的加持，一些姓名称谓也被当作特名称谓，如"张同学"常指某短视频平台的一位 ID 为"张同学"的博主；"何同学"指网络 ID 为"大家好我叫何同学"的数码视频博主。

六、职衔称谓

职衔称谓是社会称谓语中数量庞大的一类，包括职业称谓语、职务称谓语、职称称谓语、其他头衔称谓语等。

（一）职业称谓语

职业称谓数量可观，多数为背称，如"教师、记者、医生、警察、公务员、作家、演员、主持人、画家、顾问、翻译"等，少数可用于面称，

51

如"老师""大夫"分别是"教师"和"医生"的面称形式①。也有的面称和背称形式相同,如"服务员""导演""顾问"等。

可以用"职业称谓语+拟亲属称谓/通称"这种复合称谓的方式将部分职业称谓语变为面称,如"警察叔叔、解放军叔叔、记者同志"等。

职业称谓语直接反映社会职业种类,与社会变化密切相关,不同时期出现新兴职业时,自然有相应的职业称谓语出现,而随着某种行当或职业的消失,与之相对应的称谓语也就成为历史词语。已经逐渐消亡的职业称谓语有"黄包车夫、铸字工、纳鞋匠、锔碗匠"等,新生的职业称谓语有"月嫂、舆情分析师、心理咨询师、酒店试睡员、时尚买手、催乳师、快递小哥、外卖骑手"等。

在社会发展过程中,受各种因素影响,对同一种职业的称谓也会发生变化,如进城务工者不再被称为"民工"而是回归到"农民工",播音员和主持人近年来多被称为"主播"等。

(二)职务称谓语

常见的职务称谓语形式有:

(1)"~长"和"副~长",如"委员长、部长、外长、省长、局长、处长、科长""校长、副校长、院长、园长""董事长""军长、参谋长、团长、营长"等,涉及行政事业单位、企业、部队等职务和头衔。基本所有的"~长"均可单独用于面称,也可以用"姓+~长"作为面称。

(2)"主任"和"副主任","主任"可用于面称,"系主任、班主任、车间主任"等复合称谓语只能用作背称。

(3)"主席、总理、总统、书记"等。

(4)"董事长、总经理、经理、~总、总助"等。

---

① "医生"被当作面称的情况在第六章中讨论。

（5）"总监、首席（首席~）"等。

（6）"CEO，CFO①"等。此类只用作背称。

可用作面称的职务称谓语，一般都可在前面加上姓，构成"姓+职务称谓（简称）"的形式。

"副~"一般不用于面称，但并不是一定不用于面称。职务称谓语用于面称时，都是 V 形式。

（三）职称称谓语

职称称谓语有如下几类：

（1）"教授、副教授、讲师、助教"等。

（2）"研究员、副研究员、助理研究员"等。

（3）"高级工程师、工程师、助理工程师"等，"高级工程师"常简称为"高工"。

（4）"主任医师、主任技师"等。

（5）"经济师、会计师"等。

（6）"一级演员、国家级教练、编审、高级记者、高级编辑"等。

职称称谓是一个开放、庞大的体系，日常语境中，可用于面称的只有"教授""工程师""医师"等。"工程师"常用的面称形式为"姓+工"，如"徐工"，"教授"可直接用于面称，也可放在姓之后用于面称，一般都是"姓+职称称谓"用于面称。

（四）其他职衔称谓

"博士"既不是职务，也不是职称，也不是职业，但博士作为学位系统中的最高学位，取得博士学位的人，自然就是一般认知里学术层面的"上位者"，"博士"于是成为一种头衔，有了尊称的意味，是个 V 形称

---

① CEO 是（企业）首席执行官，CFC 是首席财务官。

谓。"博士"可用于面称，如"张博士、李博士"，也可用于背称，但"硕士"不可以作为面称，只能作为背称，而"学士"只是一个学位名称，不是称谓语。我们会说"某某是个硕士"，但基本不会说"谁谁是个学士"。"硕士"作为称谓，其实是"硕士研究生"的简称。这样就能理解"学士"为什么不是称谓了，因为相对应的称谓是"本科生"。

还有博士/硕士研究生导师，常简称为"博导""硕导"，进一步可简称为"导"，一般用于背称，也是一种职衔称谓。

（五）小结

从构词形式来看，有很多职衔称谓语是缩略语，或曰简称，如"外长、总助、总师、城管"等。如2013年12月14日，央视一套直播"嫦娥落月"新闻节目，主持人就使用了"总师"这个称呼。

职业性称谓的面称一般只选择在大众心目中有地位的职业名称，而不会选择另一些，以下这些称谓一般不用作面称，如"司机、厨师、理发师、钳工、车工、架子工"等，但是在农村地区，"木匠、瓦匠"是可以作为面称使用的（崔希亮，1996），上述用作面称时，前面一般要加姓，如"张木匠"。

举几个发生历时演变的例子。

"老师"作为职衔称谓时，它的指称对象愈加泛化，文艺界互称老师现象最为普遍。正是由于"老师"的泛化使用范围越来越大，使它进入了通称的范畴。

再看一个特殊的职业称谓——"妓女"。新中国成立前"妓女"就有许多婉称，如被称为"小先生、小姐、姐儿"等，新中国成立后，国家取缔妓院等场所，"妓女"消失。改革开放后，作为非法存在的色情交易活动重新出现，而从业者也有了"三陪小姐"等称谓，进而简称为"小姐"，使得"小姐"这个作为通称重新起用的称谓语义发生沉降，另外还有"性工作者"这一近乎中性评价的称谓。2012 年，有政府官员提倡应使用"失足妇女"来指称卖淫女。2014 年初的"东莞扫黄"事件中，我们又得知其时已不称"小姐"，而称"技师"。

[例 39] 严厉打击营利性陪侍和卖淫嫖娼等违法犯罪，完善对被拐妇女、被拐未成年人及**失足妇女**的教育挽救和帮扶安置工作机制。

（人民数据库各地政策信息，2021 年 12 月 11 日）

更有"导师"不导学生而导歌手，"讲师"不在高校而在培训机构甚至传销组织。①

七、情感称谓和特征称谓

（一）情感称谓

我们把带有尊敬、宠溺、戏谑、憎恶等情感色彩的称谓，称为情感称谓，包括以下几类：

1. 敬称

敬称常与谦称并谈，是指对对方及与对方有关者表示尊敬的一类称呼（吉常宏，2001）。所以敬称中有很大一部分是用来称呼对方亲属的，如"令尊、令堂、令郎、尊师"等。敬称也即尊称。我们在此讨论社会称谓系统中的敬称/尊称，主要是面称，也有背称。大概有以下几种形式：

（1）"足下、阁下、台下、兄台、贤弟"等。

（2）"客官、看官"等。

（3）排行+爷：如"二爷、三爷"等。

（4）姓（或名、号）+兄：如"王兄、张兄、伯江兄、子美兄"等。

（5）姓（或名、号）+老：如"郭老、张老、子其老、子陵老"等。

---

① 此类问题在第四章详细讨论。

（6）姓/姓名（或字、号）+君：如"刘和珍君、蔡君"等。

（7）老/大~：如"老人家、老兄、老伯、大师、大人"等。

（8）姓（或名字中一字）+公：如"蒋公、汪公"等。①

（9）"先生、女士"。

（10）网络敬称"大大"及变体"名+大（大）"：如"杰大、P大"等。②

见例：

[例40]"唉，<u>兄台</u>不知，真是一言难尽！各路援兵虽有五万，可是归弟指挥的只剩下两万人了。"

（姚雪垠《李自成》）

[例41]魏道恒摇头晃脑地说："<u>二爷</u>，我们在说，一点也错不了，那天晚上咱们特务队挨伏击就是李铁带着手枪队打的。"

（雪克《战斗的青春》）

[例42]我于小说是不含糊的门外汉，却要为人做小说集的序，岂非笑话。如此蹉跎，亚东主人<u>汪公</u>早已把《孤坟》全稿寄来了，脸上渐有"鹅绒"之色矣。

（俞平伯《<孤坟>序》）

[例43]他把小莲子写的泥金折扇拿在手里翻来覆去地看，一边摇头晃脑，说："好诗！好字！"大家问他："<u>张老</u>，你对杨家的事是怎么看的？"张汉轩慢条斯理地说："他们不是人。"

（汪曾祺《名士和狐仙》）

[例44]蔡名照在讲话中指出，《今日中国》杂志是由已故国家名誉主席宋庆龄<u>女士</u>于1952年10月创办的，创办宗旨就是使世界各国人民更

---

① （3）—（7）类参考了崔希亮《现代汉语称谓系统与对外汉语教学》（1996）。

② 此种情况在第四章加以讨论。

好地了解中国。

（新华社 2004 年 10 月份新闻报道）

敬称是典型的 V 形式，由地位低对地位高者使用，也可以由同等地位的人相互间使用。

敬称是从语用角度来谈的，敬称里的"先生""女士""老师"等，同时也是通称，而"二爷、老兄"等，则是拟亲属称谓用于敬称。

除了进入通称系统的"先生""女士""老师"等以及新出现的网络敬称，敬称与谦称一样，其他几类如今也已很少使用，而用常用的通称和拟亲属称谓表达尊敬之意。

2. 昵称

昵称即亲昵称谓，多用于年长者对年轻者，特别是对小孩子，有爱护之意；也用于同辈关系密切的人之间，如男女朋友之间、舍友之间、闺蜜之间等；或者是网络上粉丝对自己喜爱的作家、明星、博主等用特有的昵称。主要有以下几种形式：

（1）"姓/名+儿"（"儿"是儿化音，不单成音节）：如"张儿、王儿、天儿、亮儿"等。

（2）"姓/名+子"：如"李子、郭子、英子、娟子"等。

（3）"大+姓"：如"大杨、大刘、大李"等。

（4）"阿+名"：如"阿强、阿兰、阿花"等①。

（5）叠名：如"陶陶、洋洋、好好"等。

（6）"达令（darling）、亲爱的、宝贝（儿）、乖乖、甜心（sweet heart）、甜甜、小甜甜"等。

（7）"宝宝、宝、宝子、宝儿"等。

（8）被称呼者的网络 ID。

---

① 阿~带有方言色彩，多在南方地区使用。

见例：

［例45］王：**英子**，英子！你看，这是怎么回事？

（《编辑部的故事》）

［例46］"**宝贝儿**，我的房间布置得还可以吧！"刘丽娜搂着我的肩，微笑着说。

（《中国北漂艺人生存录》）

昵称则是一种 T 形式，由长辈对晚辈使用，或关系亲密的同辈之间使用。

单用的昵称词较少，多为姓名称谓的变体。现今最常用的昵称是"亲爱的"，从使用者之间熟悉度来看，"亲爱的"不只限于关系亲密的人之间，相熟但不亲密，或只是认识而不相熟，甚至是陌生人，都有可能用"亲爱的"。而"亲爱的"又简化为"亲"，成为当下流行的通称①。

需要说明的是，"昵称"一词本身的内涵也有了变化，增加了"用于网络的虚拟名称"的义项，即网络 ID（指使用用户名登录以后显示的名称，不同于用户名），如论坛昵称，QQ 昵称，微信昵称等。此"昵称"不同于我们讨论的亲昵称谓。但在同学、朋友之间，有可能将网络昵称用于现实中使用，这时的昵称就是本书所讨论的昵称了。

3. 戏谑称谓

常见的有"老/小~"，含［礼貌-］的义素，如"老头（儿）、小妞（儿）、老外、大兵、土老帽（儿）、小子"等。

［例47］"你又肆无忌惮地拔掉那块土地的界标……如果你体察到我们原谅你头发斑白，那么，**老头儿**，今后你可要好好反省，在行为上切忌轻举妄动，在举止上切忌蛮横恣睢。"

（《西方哲学史》）

---

① 有关"亲"的讨论详见第五章。

4. 詈（蔑、贬）称

这是一类具有贬斥、憎恶、讥讽等极负面情感色彩的称谓。如"畜生、王八蛋、狗娘养的、猪狗不如的东西、贱货、杂种、老不死的、老东西、黄口小儿、竖子、婊子、穷鬼、母夜叉、丫挺的、软骨头、废物、蠢货、黄毛丫头、黄脸婆、肥婆、拖油瓶"等。

"~货"一类无疑是贬称或蔑称，但有一个例外——"吃货"。"吃货"一词如今被广泛使用，网络社交平台上常有人将自己称为"吃货"。主流媒体如报纸、电视节目也能见到"吃货"的身影。以下是几个"吃货"例子的对比：

［例48］"呕！你想教训我，是不是？你先等一等！我的心对得起老天爷！我的操心受累全是为了你们这一群没有用的吃货！教训我？真透着奇怪！没有我，你们连狗屎也吃不上！"

（老舍《四世同堂》）

［例49］"什么客人！还不是那帮吃货。"

（陈建功《皇城根》）

［例50］前段时间，一部美食纪录片让饕餮之徒，食指大动，而这两天，一场舌尖上的比拼也让吃货们垂涎欲滴。

（北京电视台栏目《新闻晚高峰》，2012年6月19日）

［例51］初识诺邓火腿是在2012年5月份央视热播的纪录片《舌尖上的中国》，诺邓火腿是云南的一大地方特产，一时间红遍了大江南北，成为众多吃货们垂涎欲滴的对象。

（《人民日报》2013年1月15日）

前两例语料来自CCL语料库，"吃货"还都是贬义，后两例语料分别来自有声媒体文本语料库和人民数据库，电视和报纸的新闻报道中都用了"吃货"一词，已经不是贬义了。甚至于不少影视明星也乐于给自己打造一个"吃货"人设，显示自己接地气的一面。

"熊孩子"也有类似"待遇"，已渐渐从这一类称谓中脱籍，负面感情色彩不再那么强烈，但仍达不到中性义，仍然含贬义。

敬称、昵称、戏谑称、詈（蔑、贬）称等，多数是称呼语，做面称使用。有的面称和背称同形，也有的用于背称。见例：

[例52]"你走？我打断你的腿！没有家法啦？<u>小兔崽子</u>，不跟好人学……"

（冯德英《苦菜花》）

[例53]"<u>小东西</u>，还拿糖呢——唔，有机会你给她讲个故事！帮助她们转变思想。"

（邓友梅《别了，濑户内海！》）

（二）特征称谓

有一些称谓语，体现的是一类人的共同特点或反映了社会评价，或是一种特定的身份，带有鲜明的标签化色彩，我们称之为特征称谓。如"球迷、生活家、粉丝、菜鸟、闺密、女汉子、土豪、凤凰男、轻熟女、直男、腐女、萌新"等。

互联网时期产生的新生称谓，很多都属于此类称谓。

这类称谓的争议也比较大，有学者认为它们不属于称谓语，只是指人名词。而我们认为，这类指人名词可表明广义的社会角色或社会身份，属于称谓语。

[例54]她是协助医生从"死神"手里抢人的<u>战士</u>；她是一口气运送40公斤氧气瓶、一个人帮助患者过床的"<u>女汉子</u>"；她是鼓励年轻患者重新振作的"<u>知心姐姐</u>"，也是悉心照料老年患者的"<u>好女儿</u>"。

（《人民日报》2020年11月12日）

八、拟亲属称谓

拟亲属称谓指用亲属称谓语来称呼或指称非亲属，也叫泛亲属称谓。因拟亲属称谓反映的实质是非亲属关系，我们认为属于社会称谓系统而非亲属称谓系统。

常见的拟亲属称谓有"叔叔、阿姨、爷爷、奶奶、大爷、大妈、大叔、大哥、大姐、大妹子、（大）兄弟、大嫂（子）、大婶（子）、伯父、伯母、哥、姐"等，多以父系称谓为主。

也有"姥姥""舅舅"等用于拟亲属称谓的用法。典型的如《红楼梦》里的刘姥姥，大观园里众人不论辈分，都称其为"姥姥"。如今在有些地方，如果邻家同龄的孩子由其姥姥照看，自己的孩子称其为"奶奶"自然可以，但又略显不一致，干脆就一起称"姥姥"了。母亲或舅舅的男性朋友，称"叔叔"也没问题，为有所区别，有时也会称"舅舅"。

［例55］70多岁的退休物理学教授吴於人在快手上化身"科学姥姥"、中科院院士汪品先成为B站上的"网红院士"……

（《人民日报》2022年3月28日）

还有一种特殊的拟亲属称谓，是"从儿称谓"，也叫"从子称谓"，还有学者称为"降级称谓"。

"从儿称谓"也是源于亲属称谓，如"孩子他爸""孩儿他娘""他爹""他奶奶"等，现在多出现在家校交际中，或者同学家长之间的交际中，用"＊＊妈妈/爸爸/奶奶"（＊＊是孩子名字）等来指称家长。有的老师甚至会把孩子名字省略掉，直用"妈妈（们）"来称呼家长，是典型的"从儿称谓"。

交际范围再延伸开来，出现"宝妈""宝爸"这种"从儿称谓"，既可以用作面称，也可以用作背称。

[例 56] 从只有一个人的直播间到十余人的宝妈主播团队，日出单量最高达 12700 余件，不仅自己挣了钱，还让更多宝妈多了一条增收致富的门路。

（党报头版要闻，2022 年 2 月 24 日）

在亲属称谓中，还有一种情况，"宝爸宝妈"们在指称自己的父母时，或者孩子的爷爷/奶奶向别人提起老伴时，常会用"我们家（孩子）奶奶/爷爷"（姥姥姥爷同理）这种形式，也是一种典型的"降级称谓"。发现一个有意思的例子：

[例 57] 一次，祖母们的聚会被一位祖父打断了："请原谅，我们家的奶奶病了，派我来逐字逐句地做笔记。"

（《列宁格勒的"祖母俱乐部"》发表于 1986 年《人民日报》）

拟亲属称谓的出现，我们认为最早仍是源于宗亲关系。古时多以家族为单位聚居，邻里也皆为同宗同族，自会以亲属称谓相称。随着社会的发展，人口流动性的增大，城镇的出现，人们的交际范围扩大至不具有亲缘关系的人，依赖于语言交际的惯性，以及乐于亲近的传统中国人的心理，仍用亲属称谓互相称呼。这样，拟亲属称谓就产生了。

拟亲属称谓是汉语社会称谓系统中被广泛使用的称谓形式之一。

九、零称谓

零称谓指在言语交际中用"喂""哎""我说"及"你好""请问""打扰了""劳驾"等来替代称谓的方式。还有一种指人的"的"字结构，可用于临时性称谓，也可视作零称谓，如"骑自行车的""戴眼镜的""卖东西的""修表的""高个子的""黄头发的"等。

其中，"你好""请问""打扰了""劳驾"等含有［礼貌+］义项；"喂""哎""我说"及指人"的"字结构，含有［礼貌-］义项。

[例58]"<u>我说</u>,"太太一边叫,一边找了牛老者去,"我说,你打哪里找来的奶妈呀?"

(老舍《牛天赐传》)

[例59]胸挂"电信参谋"标志的年轻营业员林斐热情地向顾客招呼:"<u>请问</u>,需要帮助吗?"她说,从柜台里走到柜台外,变被动服务为主动服务,可以及时帮助顾客用邮。

(《人民日报》1996年7月)

[例60]他不跑了,可是把挎包还给了那个<u>戴眼镜的</u>,就是同志,也还是鬼子,他不愿给鬼子同志背挎包。

(邓友梅《别了,濑户内海!》)

人们在日常言语交际中遭遇称谓困境时,常常选择用礼貌性"零称谓"来解决交际困境。

在一本汉语口语教材中,有一课专门讨论中国人的称呼问题,就有这样的内容:

[例61]王丽:不熟悉的人,你可以不称呼,直接用"你好""劳驾""打扰你一下"开头。

大卫:什么也不称呼,这样能行吗?

王丽:能行。不过你得注意,也有不能说的。①

(《发展汉语中级口语 I》)

可见,对于汉语作为第二语言的学习者来说,汉语的称谓系统是个难点,而"零称谓"不失为一种容易掌握的"万能"的交际方式。

---

① 路志英. 发展汉语中级口语 I:第二版 [M]. 北京:北京语言出版社,2011:20-21.

第三章　社会称谓分期研究（上）
（1840—1949 年）

本章讨论 1840—1949 年两个主要历史时期社会称谓的变迁，在表述中，旧词和新词、旧（历史）称谓和新称谓辩证看待和使用，在当时产生的称谓，现在看属于历史词范畴，而当时则是新词新语。狭义的历史词指古代汉语中的词语，而在近代汉语和现代汉语中，产生和使用于历史时期而非当下的词语，我们也看作是历史词。

一、晚清至民国初期（1840—1919 年）

本书研究对象虽然是现代汉语社会称谓，为理清脉络，对晚清至民国初期的社会称谓概貌也做简述。有些产生于晚清和民国初期的称谓语，已进入现代汉语基本词汇，产生了深远影响。

（一）社会背景

清朝晚期（1840—1911 年）是中国沦为半殖民地半封建社会的时期。鸦片战争（1840—1842 年，也称第一次鸦片战争）使中国丧失了独立自主地位，开始沦为半殖民地半封建社会，中国社会性质发生了巨大变化，被认为是中国近代史的开端。一些爱国的知识分子惊醒，一股"向西方学习"的新思潮萌发。第二次鸦片战争（1856—1860 年）使外国侵略势力从沿海深入到内地，中国半殖民地化的程度进一步加深。清朝政府在内忧外患下，一直处于改革派与守旧派拉锯的局面。十九世纪六十年代至九十年代，以洋务派为代表的改革派进行了以"自强""求富"为口号的自救运动——洋务运动，是中国近代化的开端。然而，甲午战争（1894—1895年）中国的失败也宣告了洋务运动的彻底失败。"戊戌变法"和"义和团运动"也均以失败告终。1911 年 10 月，辛亥革命爆发，1912 年 1 月 1 日，"中华民国"成立，2 月 12 日，清宣统帝退位。①

1911 年，"以孙中山先生为代表的革命党人发动了震惊世界的辛亥革命，推翻了清朝政府，结束了在中国延续几千年的君主专制制度，近代以来中国发生的深刻社会变革由此拉开了序幕"。（《在纪念辛亥革命 110 周年大会上的讲话》，习近平，2021 年 10 月 9 日）

晚清和民国初期由于社会的急剧变化，各种各样的政治变革和革命运动纷纷出现，也使社会称谓系统随之发生了巨大的变化，出现了许多非常具有时代特色的社会称谓。

从汉语史来看，虽然这时处于现代白话文运动之前，但已经产生了大量的白话文小说，报刊文章也已经文白兼用，所以，此段时期对后世社会称谓系统的影响颇为深远。

（二）语料来源

（1）语料库：CCL 语料库和晚清、民国时期期刊全文数据库。

（2）文学作品：晚清四大谴责小说等。

（3）历史文献：《中国革命纪事本末》《剑桥中国晚清史》等。

---

① 表述参考中国政府网和其他互联网资料。

（三）本时期社会称谓特点

1. 称谓内涵和外延发生变化（指称对象发生变化）

随着社会剧变，同一个称谓在不同时期指称对象发生变化。例如"汉奸"一词，原义是指汉民族当中的败类，指出卖汉民族的利益，投靠其他民族的人。如宋朝的秦桧。在晚清和民国初期，"汉奸"这个称谓经历了不同指称对象的变化：

表 3.1　"汉奸"一词在晚清及民国初期指称对象的变化

历史时期	指称对象	例句
甲午中日战争	指投靠日本的中国人，既包括汉族人也包括其他民族的中国人。	[例1] 主人曰："君言固亦有见，顾今日之事，咎不尽由于上，一由民心习顽，汉奸日盛，泄漏机宜，因而偾事；一由练军太少，新招之勇，未历戎行。"（《中日甲午战争全史》，2005）
义和团运动	指投靠所有入侵中国的列强（包括日本）的中国人，既包括汉族人也包括其他民族的中国人。	[例2] 荣禄当然不是什么特别高明的人，之所以在那种情况下，甘冒"汉奸""通夷"的大帽子而反对支持义和团杀洋人，只不过从事实中"知拳民不畏枪炮之言，实不足信"。（《市场报》，1994）
辛亥革命以后	投靠清政府的汉族人（重新缩小了"汉奸"的外延）	[例3] 过去汉奸之变相：曾国藩、李鸿章、左宗棠，现在汉奸之真相（《民报》，1907 年增刊）

有学者指出，"汉奸"一词全国通用源于骂李鸿章为"汉奸"：

一战至全军尽墨，举国惶惶之时，他们又把这战败责任"一古脑"放在李鸿章头上，把李氏骂成"汉奸"——"汉奸"一词后来之流通全国，就是从骂李鸿章开始的，使鸿章百口莫辩。

（唐德刚《晚清七十年（3）甲午战争与戊戌变法》）

再如"卖国贼"，与"汉奸"类似，晚清时期的指称对象也发生变化。这说明在当时的国人认知中，"国"的概念有所转变。

［例4］民国初年，人们为了痛斥袁世凯这个窃取大总统职位的卖国贼，写了这样一副对联："民犹是也，国犹是也，何分南北；总而言之，统而言之，不是东西。"

（《中国儿童百科全书》）

与义和团有关的称谓中，我们挑一两个来说：

［例5］"各团师兄生擒洋人及教匪系职官者，在京应交统率王大臣，在外交地方大吏验明，分别办理。"

（《义和团团规》，1900 年）

"师兄"成为义和团内部成员互指的专称。

［例6］只端王仗胆入奏道："天津已被洋鬼子占去，都是义和团不肯虔守戒律，以致战败。现闻直督裕禄，与宋庆、马玉昆等，退守北仓，洋鬼子颇占势力。……"

（民国时期小说《清史演义》）

［例7］光绪年间，他们见洋人在咱中国修兵营、盖教堂，胡闹八开地乱糟，就参加了义和团，在这一弯子和东洋鬼子、西洋鬼子，还有老毛子，真枪真刀地干开了。

（冯志《敌后武工队》）

据史料记载，"洋鬼子""老毛子""（洋）毛子"等名称的广泛使用，始于义和团运动期间（《辛亥革命与二十世纪中国社会》，2008）。

再如"留学生"一词，现义具有双向性，既指在外国学习的中国学生，也指来中国学习的外国学生。而在唐朝时，"留学生"指来中国学习的外国学生，主要是日本留学生，是单向的。到了晚清，中国国力衰落，科技落后，在"西夷长技以治夷"的精神指导和洋务运动的推动下，清政府开始向欧美及日本派遣留学生，分为官费生和自费生。此时，留学生的单向性发生逆转，就多指中国学生了。著名的《西学东渐记》（容闳，1915），以自传体小说的形式，真实记录了清末官派幼童留学美国的始末。

图 3.1 《新民丛报》（1904 年）刊文一则（局部）①

2. 对同一指称对象所用称谓不同

以对日本人的称谓为例。近代之前，多以"倭""倭人""倭寇"等称之，反映出的是"天朝上国"的自大心理。到了晚清，以甲午中日战争为转折点，在此前后对日本人的称谓发生了变化。

晚清前期，仍以称"倭人""倭寇"等为多，甲午战争后，"日本人"和"东洋人"这类称谓又多起来，而"倭""倭寇""倭人"等一类称谓逐渐减少，反映出甲午战争失败使国人对日本国和日本人产生新的认识。

［例 8］京会试的台籍进士、举人联名悲愤上书："今者闻朝廷割弃台

---

①　图片源自"晚清、民国期刊全文数据库"。

地以予<u>倭人</u>，数百千万生灵皆北向恸哭""谁肯甘心降敌……以全台之地使之……"

（《人民日报》1995 年 3 月）

［例 9］<u>日本人</u>之称我中国也，——则曰老大帝国，再则曰老大帝国。是语也，盖袭译欧西人之言也。呜呼！我中国其果老大矣乎？梁启超曰：恶，是何言！是何言！吾心目中有一少年中国在。

（梁启超《少年中国说》）

"东洋人"是仿"西洋人"而生的称谓，反映出国人将日本看作与西方列强国力相当的国家，感情色彩也发生变化，从之前的"倭寇"类贬称，变为中性甚至带敬畏义的称谓。

［例 10］从东洋来之人民，为下等之劳动者，渐次侵入吾人之职业，若置之不顾，将全地为<u>东洋人</u>之地……

（《时评：辨晚香坡排斥东洋人大会之谬妄》，《四川》，1908 年 2 月）

3. 产生新称谓

（1）群称：多与政治派系有关，如"帝党""后党""清流党"等。

［例 11］可惜庄仑樵一班<u>清流党</u>，如今摈斥的摈斥，老死的老死了。若然他们在此，断不会无忌惮到这步田地！

（曾朴《孽海花》）

（2）职衔称谓：与政治及经济变革有关，如"总统、总理、董事、议员"等 。

［例 12］现在兄弟请你们诸公到此，不为别事，先商量打个电报给上海的善堂<u>董事</u>，劝他们弄几个钱来做好事，将来奏出去也有个交代。"

（李宝嘉《官场现形记》）

［例 13］《中华民国各部官职领通则》

第 9 条各部置职员如下：

次长，一人。

秘书官

书记官

参事官

司长

签事

主事

录事

······

第19条工监、工正、工师、工手

······

（郭孝成《中国革命纪事本末》）

有的称谓古已有之，在清末民初产生新义，如"总理"。

（3）"洋~"："洋秀才""洋贡生""洋举人""洋进士""洋翰林""洋状元"等。

[例14]"贤婿才高学富，名满五洲，本不须以博士为夸耀。然令尊大人乃前清孝廉公，贤婿似宜举洋进士，庶几克绍箕裘，后来居上，愚亦与有荣焉。"

（钱锺书《围城》）

（4）与辛亥革命有关的："革命党人""党人""党员"等。

[例15] 1904年，蔡锷回国，在清军中任职。他同情并支持革命党人，和同盟会的黄兴、赵声等人往来密切。

（《中国儿童百科全书》）

4. 社交通用称谓发生变化

晚清时期，人际社交有一套特定的称谓：

嘉、道以降，京官四品以上，外官司道以上，无不称大人。翰林开坊，六品亦大人。编、检得差，七品亦大人。到光绪末年，即使未得差之翰林编、检和庶吉士，郎中、员外郎、主事、内阁中书，一概皆称大人。咸、同之后，州、县各官皆称大老爷，举贡生监则称为老爷。①

对于有身份的妇女的称谓则有"太太""老太太""少太太""奶奶""少奶奶""孙奶奶"等。②

彼时艺人的社会地位开始提高，有名望的艺人被尊称为"老板"，后被称为"先生"。如京剧大师梅兰芳一度被称为梅老板，赴美演出归来后，则被称为梅先生。

在中西交往过程中，中国的官员、买办和绅商也逐步适应并学会了西方的礼仪，"先生""同志"等称谓也取代了"老爷""大人"等称谓。③

《辛亥革命与二十世纪中国社会》（2008）一书中就提道：辛亥革命革掉跪拜礼仪和"老爷""大人"等封建性称呼，改为"先生"或"君"。

西方文化的冲击、商业化和平等化观念是促进社交通用称谓发生变化的三个主要因素。

（四）本时期新称谓来源

1. 西方译介

试举几例：

（1）"总统"

president 最早并未被译作"总统"，在晚清时期，封建君主制背景下，认为一国首脑即为"皇帝"或"君主"，如

---

① 陈振江，江沛. 中国历史·晚清民国卷［M］. 北京：高等教育出版社，2003：49.

② 陈振江，江沛. 中国历史·晚清民国卷［M］. 北京：高等教育出版社，2003：49.

③ "先生""同志"在第五章详论。

[例16] 大意国事：美国君主来国。

（《万国公报》，1878年，第491卷，19页）

[例17] 美国皇帝已命新任水师来驻，中国前任提督当即归国。

（《中国教会新报》，1872年，第177卷，4页）

《英汉字典》（麦都思编，1848）中将president译为"监督、尚书、正堂、天卿、地卿"等官职名称；

也曾直译为"伯理玺天德"，如

[例18] "美洲各国及欧洲之瑞士与法国皆民主之国也，其政权全在议院，而伯理玺天德无权焉。"

（［清］薛福成《出使四国日记·光绪十六年十二月二十九日》）

[例19] 汉语翻译外文名词，确实遇着很多困难；自从音译减少、意译增多之后，困难更大。现在不兴译"伯理玺天德"只能译"总统"；不兴译"德谟克拉西"只能译"民权""民治"，最后定为"民主"。

（郑超麟，巴尔扎克的《人曲》，《读书》，1984）

首次在词典中译为"总统"出现在《华英音韵字典集成》（1902），将the president of the United States译为"美国总统"，沿用至今。（熊月之，2005）而晚清报刊中，则早于此时出现"总统"的用法，出现在日本人主办的报刊中，如

[例20] 香港周报云，月之四日，新总统维廉麦荆来在国会议事堂兴行就职发誓之典。

（《时务报》［日］古城贞吉译，1897年第26卷，20-22页）

[例21] 路透汇电：美国总统声明调派马兵八中队赴小吕宋会勦……

（《亚东时报》① 1899年第13卷，26-28页）

可见，"总统"的译法，同"民主""化学"等词一样，在译介过程

---

① 《亚东时报》为日本乙未会主办，在中国发行。

中，最后参考了日语译法，再借入中国。

（2）"外国人"

对 foreigner 的译词，经历了"红毛（人）（番）、夷人、西人、洋人、外国人"的演变。

foreigner 在《英华韵府历阶》（卫三畏，1844）中，被称为"外国人""远人"和"番人"。①

1860 年之前，使用红毛（人）（番）、夷人称呼外国人；1860 年之后，开始使用西人、洋人、外国人等称呼。②

"夷"指居住在"中国"国土周边地区或其附庸国内的未开化之民。明末清初之后，也用于指欧洲人和美洲人。（方维规，2005）最著名的说法莫如"师夷长技以制夷"（魏源《海国图志》，1844）。

"外国人"最早见于晚清报刊见下：

［例 22］中国信息：前**外国人**在贵州军营曾有信来，已登新报，今又有来信云……

（《中国教会新报》，1869 年第 57 卷，11 页）

1840—1911 年间，"外国人"见于报刊共 56 条，1911—1949 年间，上升至 926 条。对比见下表：

表 3.2　晚清民国时期"外国人"不同称谓形式见于报刊数量对比

	1840 年—1911 年	1911 年—1949 年
红毛（人）	0	7
夷人	1	133
西人	292	780

---

① 参考自方维规《夷、洋、西、外及其相关概念：晚清译词从"夷人"到"外国人"的转换》。

② 同上。

	1840 年—1911 年	1911 年—1949 年
洋人	79	432
外国人	56	926

晚清时期，"西人""洋人"都多于"外国人"，到了民国时期，"外国人"就占绝对数量优势了。

（3）"买办"

"买办"一词是葡萄牙语（comprador"康白度"）的意译，原意是采买人员，后译为"买办"，指"殖民地、半殖民地国家里替外国资本家在本国市场上经营企业、推销商品的代理人"。（《现代汉语词典》：870—871页）相关的词还有"买办阶级""买办资本""买办资产阶级"。

[例23] 大清国事：封产略志：香港汇丰银行买办罗鹤朋倒欠巨款后……

（《万国公报》，1892 年第 45 期卷，47—48 页）

[例24] 坐在这里的都是些显要的人，洋行买办，银行巨头，公司经理……其中还有金八的秘书丁先生。

（曹禺《日出》）

新中国成立后，买办阶级从中国社会中消失，"买办"这个称谓也不再使用。

（4）"密司脱（先生）""蜜丝（小姐）"

这是 Mister 和 Miss 译为"先生""小姐"之前的音译形式。

[例25] 徐曼丽抿着嘴微笑，说道："密司脱周，你代替主人招呼我了，'红头火柴'，名不虚传！"

（茅盾《子夜》）

[例26] 密司脱王追上了她们，正要施展其摄影艺术时，那密司李竟忽又提倡溜了……

（《学校生活》，1930 年第 4 期，4 页）

2. 借自日语

当时，大量的社会称谓语自日语而来，如"干部"即是梁启超首译自日语。傅云龙《游历各国图经并余记》（1887—1889 年）中，出现"主任、干事、技师、课长、警察、教授"等称谓词，黄遵宪《日本国志》（1890）中，则有"总理、议长、议员、总裁、记者"等。"总统"一词的汉译形式固定下来也是转译自日语。

这些称谓语，大部分沿用至今，有些成为现代汉语基本词汇，对汉语词汇系统的发展产生了深远影响。

［例 27］那太太就携了彩云，立在这石池旁边，只见那写真师正在那里对镜配光。

（曾朴《孽海花》）

上例中，"写真师"一词直接借自日语，经过历史冲刷和沉淀，我们如今保留了"写真"一词，而"写真师"改译为"摄影师"。这是一个有趣的语言现象。

3. 本土产生

主要与晚清及民国初期的政治事件有关，比如与洋务运动、戊戌变法、义和团运动、辛亥革命等事件相关联，出现了"官费生、洋鬼子、革命党人"等称谓。

官费生，指洋务运动时期，清政府出资，派往欧美、日本等国的留学生，与自费生相对。官费生可见是公费生或公派留学生的前身。

［例 28］我们孱弱无能的政府，和没有进步的同胞，像我这样的一个生则于世无补，死亦于人无损的零余者，也考得了一个官费生的资格。

（郁达夫《茑萝行》）

二、新民主主义革命时期（1919—1949 年）

（一）社会背景

1919 年五四运动爆发，中国社会进入一个新的历史阶段——新民主主义革命时期。新民主主义革命是无产阶级领导的人民大众的反帝反封建的革命。从 1919 年 5 月至 1949 年 10 月，经历了北伐战争，土地革命战争，抗日战争和全国解放战争四个阶段。毛泽东言："新民主主义革命是社会主义革命的必要准备，社会主义革命是新民主主义革命的必然趋势。"

"革命"和"战争"是这个时期的关键词。

文化方面，西方思想在晚清尤其是在甲午战争之后大量传入中国并影响年轻一代。民国初年，陈独秀所创办的《青年杂志》（后改名为《新青年》）等刊物的发展以及白话文运动的推动，自由、反抗传统权威等思想逐渐深入人心，影响了以学生和进步市民为代表的中国人。新文化运动高举"民主、科学"的大旗，在思想、文化领域对中国产生了深远影响。

文学方面，一大批在中国现代文学史上具有重要地位的现代白话文作品面世，是研究当期历史和语言文字的宝藏。

语言方面，"五四"时期成为古代汉语和现代汉语的分界点，白话文运动奠定了现代汉语形成的基础。

（二）分期依据

这是研究百年来现代汉语社会称谓历时变化的第一时期，自五四时期的白话文运动始，至新中国成立之前。这是中国社会发生剧变的时期，历经五四运动，北伐战争，抗日战争，解放战争，因此产生了众多具有政治和军事色彩，具有历史时代感的社会称谓语。

这一时期历时三十年，与中国现代文学史的三十年重合。另外，此时与晚清民初有一脉相承的关系，语言的词汇系统也有顺应性。

（三）语料来源

（1）语料库：CCL，民国期刊语料库，人民数据（网上包库）。

（2）文学作品：《白鹿原》、现代作家如老舍、鲁迅的作品等。

（3）历史文献：《中国历史晚清民国卷》等。

（四）本时期社会称谓概貌

1. 继承和保留晚清民初的称谓

通称方面，辛亥革命时期提倡的"先生、小姐"使用面逐渐扩大，主要在经济文化相对发达、社会相对稳定的地区和时期，比如二十世纪三十年代的北平和上海地区。

［例29］（王利发）二位<u>先生</u>，茶钱退回，（递钱）请吧！快！

（老舍《茶馆》）

［例30］（洗老太太）刘妈挽我起来！我受不了这个！你们叔嫂是怎么啦？这么漂亮可爱的徐<u>小姐</u>，这么有人缘的杨<u>先生</u>杨<u>太太</u>来捧局长的场，来好心好意的帮助局长！

（老舍《残雾》）

另外，当时仍是阶级对立的社会，所以，体现社会等级和身份的"老爷、少爷、少奶奶、夫人"等称谓，仍大面积存在。在老舍、巴金、曹禺等人的文学作品中可见一斑。

"太太"是新旧义同时存在的称谓，旧义指"官太太"，新义指对已婚妇女的尊称，所以"太太"在当时的使用率要远高于新中国成立以后的大陆地区，现如今，"太太"主要在港台地区、粤方言地区使用。①

［例31］"<u>老爷</u>，日本兵不是要占全城吗？那么，各处就都变成日租

---

① "太太"在互联网时期的新义放在第四章讨论。

界了，搬家不是白费——"

（老舍《讨论》）

[例32]（鲁妈）"明天，我准离开此地，我会远远地带她走，不会见着周家的人。<u>太太</u>，我想现在带着我的女儿走。"

（曹禺《雷雨》）

另一方面，"同志"这个称呼开始在共产党内部流行开来，既有亲切色彩，又有政治标签作用。中共一大将"同志"写进了党章。①

职衔称谓方面，如"警察、报人、宪兵、记者、局长、科长"等，随着这些职业和职务在社会上的普及，民众认知度逐渐提高，此时已具有高使用度和高稳定性。

[例33] 由他们的神气与衣服，他猜想他们不是给小报报屁股写文章的，便是小报的<u>记者</u>。

（老舍《四世同堂》）

[例34] "我呢？也一样，只是元年冬天到北京，还被人骂过几次，后来骂我的人也被<u>警察</u>剪去了辫子，我就不再被人辱骂了；但我没有到乡间去。"

（鲁迅《头发的故事》）

2. 称谓语形式和附加色彩义随使用主体不同而变化

无论是国共合作时期，十年内战时期，还是解放战争时期，国共两党对彼此群体和个体的称谓都不相同。

（1）称谓主体为国民党（人）

国民党内部对政府和军队官员有"团座、局座、委座"等尊称。对蒋介石，则有"委员长、校长"等专称。

国民党称共产党（人）则为"共匪""共党（分子）""赤匪"等。

---

① 关于"同志"的讨论详见第五章。

［例 35］毛主席说：“没有改变世界，只改变了北京附近几个地方。”接着说：“我们共同的老朋友，就是说**蒋委员长**，不赞成。他说我们是‘**共匪**’。其实我们跟他做朋友的时间比你们长得多。”

（魏史言《尼克松访华纪实》，《作家文摘》，1994）

（2）称谓主体为共产党（人）

共产党自 1921 年建党后，组织体系内部，有“党代表、政委、委员、书记”等一系列职衔称谓，一般既可做背称也可做面称，且多数一直沿用至今。“同志”是使用最多的称呼。

“主席、总司令”则是对毛泽东和朱德的专称和敬称。不同时期还有“毛委员、朱老总”等更显亲切的称呼。

［例 36］警卫员喊：“**政委**，让我上去！让我上去！我……”

（杜鹏程《保卫延安》）

3. 部分称谓语内涵发生变化

抗日战争时期，一般情况下“鬼子”特指日本人，不再有“东洋鬼子”和“西洋鬼子”之分。

［例 37］在漆黑的路上，小坡提着铁锹，低低地对老洪说：“洪哥，听说你要拉队伍打**鬼子**，我要跟着你干呀！上次敌人来时，你们走了，你嫌我小，没带我，我在家哭了一整天！”

（知侠《铁道游击队》）

与此同时，还出现了“二鬼子”这样的称谓，原义指的是日本军队中的朝鲜人、韩国人以及中国的台湾人等，后来也引申为大陆地区听命于日军的中国人，如伪军、日语翻译等。

［例 38］王茂生慢声慢语地说：“有三种鬼，一是日本鬼子，二是美国鬼子，三是二黄，叫**二鬼子**！”

（吴强《红日》）

再如"汉奸",新民主主义革命时期,"汉奸"的指称对象很单一,指投靠日本的中国人。如在《叛国奸贼——大汉奸的最后结局》(回永广,2005)一书中,列举了汪精卫、陈公博、周佛海、褚民谊、陈璧君等,全部都是投靠日本的"著名汉奸"。

"土豪"也是古已有之的称谓。第一次国内革命战争时期,共产党领导农民开展打倒土豪劣绅和反对重租、重息、重押、重税等的斗争。第二次国内革命战争时期,共产党在革命根据地开展"打土豪、分田地"的斗争和查田运动,实行土地革命。"土豪(劣绅)"一词在当时是一个"名头"很响的称谓,这个称谓所指称的对象,是被重点打击和整治的对象。

[例39]陇县城筹办高等小学堂,朱德任学校的体育教习兼庶务。学生由几人很快发展到七十多人。学校虽然办起来了,但土豪劣绅反对新思想、压制教育,社会的黑暗,民众的痛苦,统治阶级的腐朽,使朱德认识到教育无力救国。

(《中共十大元帅》)

[例40]今后不打土豪,许多东西要拿钱买,例如没有布条打草鞋,没有废纸用作办公等等,开支势必浩大……

(《邓小平文选第一卷》)

[例41]记得刚到瑞金不久,我就接到洛甫①的一个电话,说:"尤克娜(我留学时的名字),今天我们要打你的土豪!"从外面来苏区的人,组织上发给一笔路费,一般能剩下几个钱,拿出来请客吃了,叫作"打土豪"。

(《作家文摘》,1996)

上例中,"土豪"变成红军同志之间一个戏谑称谓。这个语用义与今天"土豪"的重新流行可谓异曲同工。2013年,"土豪"这个历史称谓奇

---

① 洛甫:张闻天,字洛甫。

迹般"复活"，并成为年度十大热词之一。

4. 女性称谓多样化，并体现平等化

新文化运动还提倡男女平等，妇女解放，陈东原所著《中国妇女生活史》（1937）提道："妇女有独立人格的生活实在是在《新青年》倡导之后。而五四是一个重大之关键。"陈独秀在《孔子之道与现代生活》（新青年第 2 卷第 4 号，1916 年 12 月）一文中写道："妇人从父从夫，并从其子，岂能自择其党以为左右袒耶？""妇人参政运动，亦现代文明生活之一端。……""五四"后，中国女性开始独立自主，与男性享受同等的教育权利，参与社会分工，担任社会角色，也就出现与女性相关的一系列称谓，如"摩登女郎、女明星、女工"等。

"女学生"古已有之，而"女生"是在晚清民国初期才出现，1919 年之后大面积使用。其他与女性有关的新称谓在民国期刊库中的新闻数见下表：

表 3.3　民国时期期刊全文数据库女性有关新称谓新闻数量对比

女郎	女明星	女工	女演员	摩登女郎	女党员	交际花
1905	1726	2281	458	46	42	343

"交际花"是当时产生的称谓，也是具有时代特色的产物，与其他称谓语的中性色彩或褒义色彩不同，"交际花"是一个带有贬义色彩的称谓，比如被人熟知的《日出》中的人物形象陈白露。

[例 42] 女主角陈白露由青年演员方舒担任，这是她向导演于本正自荐争取到的。从前的"小萝卜头"，如今要演性格复杂的交际花，可真不易啊！

（《人民日报》1985 年 2 月 23 日）

[例 43] 多么快活的一群人呀！交际花徐曼丽女士赤着一双脚，袅袅婷婷站在一张弹子台上跳舞哪！

（茅盾《子夜》）

"妇女"在当时是一个有进步色彩的称谓,相比于对女性的旧称"妇人","妇女"并无男尊女卑的色彩。

表 3.4 "妇女""妇人"晚清与民国时期新闻量对比

	晚清期刊全文数据库 (1833—1911 年)	民国时期期刊全文数据库 (1911—1949 年)
妇女	204	66151
妇人	179	5570

从表 3.4 中可以看出,晚清时期,两者数量差别还不太大,到了民国时期,"妇女"有关的新闻报道量达到"妇人"的十多倍。我们今天已鲜少用后者。

下表是一个有关女性称谓的义素分析:

表 3.5 女性相关称谓语义素分析表

	文言性	描写性	低龄性	文学性	可呼性	政治性	新生性	常用性
妇人	+	−	±	−	−	−	−	−
妇女	±	−	±	−	−	+	−	+
女子	±	−	−	+	−	−	−	±
女生	−	−	±	−	−	−	+	+
美女	±	±	±	−	+	−	±	+
丽人	±	+	−	−	−	−	±	±
美人	±	+	±	±	±	−	−	±
姑娘	±	−	+	−	+	−	−	±

可见,"女生"作为"女学生"的缩略形式,是现代汉语才有的,最具文学性的是"女子",最具政治性的是"妇女",可用于面称的有"美女、美人、姑娘",而"美人"是在极少数特殊语境下才用于面称。时至

今日，"妇人"已极少使用。

5. 军事色彩浓厚的称谓

不管是北伐战争、国共内战，还是抗日战争和解放战争，战争成为"家常便饭"的年代，军队的话语权、军官的地位自然不可同日而语。国民政府是个军政合一的政权，而共产党认识到只有"枪杆子里面出政权"，才能取得绝对领导地位。在这样的历史背景下，出现了具有浓厚军事色彩的泛通称，如"老总、长官、首长"等，有的是军队内部下级称呼上级，有的则是百姓对部队官兵、警察等的敬畏称呼。也许对方只是个小兵，百姓也会颤然以上述称谓称之。可以说，这几个称谓在当时是 V 形语义最高形式的代表。而其他历史时期并未出现这样的通称或泛通称。

在 CCL 语料库中，除朱德外，陈毅、贺龙、彭德怀、聂荣臻、董必武等，都曾被称为"老总"。此处的"总"，是"总司令"的简称。而当下社会也有"老总"这个称谓，"总"却是"总经理"的简称。

［例44］唐天际在瓶里听得真真切切：一阵杂乱的脚步声在楼梯上响起来。接着就听见刘老板赔着笑招呼："老总，请检查，我们这里没有外人。"敌人的脚步声在地板上来回响着。忽而，咯噔咯噔的皮靴声响到瓶边来，忽而，咯噔咯噔地又踱远了。

（《作家文摘》1997）

上例中的"老总"，不仅不是共产党军队的领导人，还是敌人。

还有一种情况是军队名称可用来作为称谓，主要是"八路（军）、红军、新四军"等。这几个词作为称谓时，是"八路军/红军/新四军战士"的缩略形式，"八路"则是更进一步的简称，一般来说，我方多称"八路军"，敌方多称"八路"。

［例45］"这样说，你是一准要寻一个八路军了！"老人笑着说，"有个心里的人没有啊？"

（孙犁《风云初记》）

（五）《白鹿原》称谓语概览

小说《白鹿原》展现出从晚清一直到新中国成立后的时代背景，历经辛亥革命、军阀混战、国共内战等时期，社会结构上有民间宗法制代表、国民党势力、共产党力量以及土匪武装等。抛开其中方言色彩浓厚的称谓不谈，小说中涉及的主要称谓语，一定程度上是当时汉语称谓语面貌的一个缩影。

表3.6　《白鹿原》社会称谓语概览①

	1911 年之前	1911—1949 年
背称	（白秉德）老汉、胡氏、三姑娘、五女、白赵氏、冷先生、法官、阴阳先生、庄稼人、屋里人、长工、伙计、麦客、朱先生、农人、秀才、（吴）掌柜、举人、小贩儿、屋里人、中人、李家寡妇、县令、族长等	总督、差人、差官、市民、匪贼、乡约、县长、起事人、卫兵、（法院）院长、窝主、皮匠、财东、教务长、念书人、军官、排长、部长、士兵、土匪、（农协）主任、壮丁等
面称	先生哥、贤弟、吴大叔、掌柜、县长、主任、伙计、兄弟、恩师、革命同志等	
自称	卑职等	

里面出现三个"先生"：朱先生、冷先生和阴阳先生。朱先生是医生，冷先生是教员，而阴阳先生则是带有迷信色彩的，类似风水先生的一类。"先生"作为通称，在当时并没有全国适用，"先生"的传统义仍居支配地位。

清代女性一般没有正式的名字，用"姓+氏"或"夫姓+己姓+氏"来指称，如白赵氏是族长白嘉轩的母亲，依然没有名字。还有"鹿张氏""鹿贺氏"等。或者就按兄弟姐妹的排行，如"二姐儿、三姑娘、五女"等。族长白嘉轩的小女儿出生于1911年辛亥革命打响第一枪时，有名有

---

① 选取了小说中出现频次较高的社会称谓语。

姓，叫作"白灵"，并进城读书，参加革命。与过去相比，以白灵为代表的女性的社会地位和社会角色的变化是巨大的。

［例46］白嘉轩朗然说："你去看去。你叫你屋里人也去，天热睡不下喀！"

（陈忠实《白鹿原》，1993）

"市民、县长、军官、主任、小贩儿"等，一直沿用到现在。

1911年之前的"秀才、族长、举人、县令"等，已是彻底的历史称谓。1911年之后的"总督、乡约、教务长"等，当时是新生称谓，现在已成为历史，不再使用。

第四章　社会称谓分期研究（下）（1949 年至今）

本章分四个时期讨论，每个时期都具有鲜明的时代特点，不同时期的称谓语也带有鲜明的时代印记。在表述中，我们尽可能考据每个新称谓语出现的具体年份，以便于后续研究或他人研究借鉴，但语料出处和文献记载的不同可能有年份误差，如无法考证具体年份，则模糊处理，如标记为二十世纪九十年代等。

一、"十七年"时期（1949—1966 年）

（一）时代背景

"十七年"时期是指从 1949 年 10 月 1 日中华人民共和国成立到 1966 年"文革"前夕这一段时期，包括社会主义改造的七年（1949—1956 年）和全面建设社会主义的十年（1956—1966 年）两个阶段。文艺界、文学评论界多采用"十七年时期"这个表述。

第一阶段——基本完成社会主义改造的七年：从 1949 年 10 月 1 日中华人民共和国成立到 1956 年，有步骤地实现了从新民主主义到社会主义的转变，迅速恢复了国民经济并开展了有计划的经济建设，在全国绝大部分地区基本上完成了对生产资料私有制的社会主义改造。新中国成立后的头三年，肃清了国民党反动派在大陆的残余武装力量和土匪，实现了西藏的和平解放，建立了各地各级的人民政府，没收了官僚资本企业并把它们改造成为社会主义国营企业，统一了全国财政经济工作，稳定了物价，完成了新解放区土地制度的改革，镇压了反革命，开展了反贪污、反浪费、反官僚主义的"三反"运动，开展了打退资产阶级进攻的反行贿、反偷税漏税、反盗骗国家财产、反偷工减料、反盗窃国家经济情报的"五反"运动。对旧中国的教育科学文化事业，进行了很有成效的改造。①

第二阶段——开始全面建设社会主义的十年：社会主义改造基本完成以后，全国各族人民开始转入全面的大规模的社会主义建设，虽然遭到过严重挫折，仍然取得了很大的成就。这个时期，反右派斗争被严重地扩大化了，把一批知识分子、爱国人士和党内干部错划为"右派分子"，造成了严重的后果。

在中国历史上，这是一个重大的变革时期。社会巨变必然影响到语言的社会称谓系统，新的社会现象不断出现，旧有社会关系大量改变和消亡，社会称谓随之作出相应的变化。这一时期的社会称谓一个显著特点是政治性强，各个政治运动带动了整个社会的发展进程（果娜，2005）。

从社会背景表述中我们看到，各种自上而下发起的政治运动，包括镇压反革命运动、"三反""五反"运动、农民土改运动、"大跃进"等，构成了这个时期的社会主旋律，而与这些运动密切相关，表明社会身份的社会称谓语，也都贴上了政治的标签。

（二）语料来源

本时期主要语料来源为1949—1966年期间的《人民日报》，CCL语料库，以及以"十七年"时期为时代背景的当代文学作品。

（三）本时期社会称谓概貌

我们以政治运动（事件）为框架来阐述本时期相关称谓。

---

① 此段表述参考《关于建国以来若干重大历史问题的决议》（1981）。

1. 镇反运动、"三反""五反"运动相关称谓

镇压反革命运动是中华人民共和国建立初期，同抗美援朝、土地改革并称的三大运动之一，简称镇反运动。1950年冬开始，在全中国范围开展了镇压反革命运动。运动打击的重点是土匪、特务、恶霸、反动会道门头子和反动党团骨干分子。

"反革命分子"常简称为"反革命"，如：

[例1] 将军望着流泪的妻子，仰望窗外天穹，良久，一捶桌面，喊道："我不是反革命！老干部也不都是反革命！都是反革命，哪来的胜利！"

（《1994年报刊精选》）

此外，"反革命"还分为两种："历史反革命"和"现行反革命"。

[例2] 我们这一车是历史反革命，贼，走资派，搞破鞋的等等，敌我矛盾人民内部都有，干完了活到边境上斗争一台，以便巩固政治边防。

（王小波《黄金时代》）

"恶霸"自古就有，古代各种侠义小说中，常提到"除恶霸"。在镇反运动中"恶霸"被赋予"准确"含义："凡称恶霸，是指依靠或组成一种反动势力，称霸一方，为了私人的利益经常用暴和权势去欺压与掠夺人民，造成人民生命财产之重大损失，查有实据者。"（《中央人民政府政务院关于划分农村阶级成分的决定》，1950）

又或"恶霸，指过去在城市或农村中，依靠组织一种反动势力，称霸一方，用暴力和权势欺压群众，罪恶重大，查有实据的分子"。（《中央十人小组关于反革命分子和其他坏分子的解释及处理的政策界限的暂行规定》，1957）

政务院政治法律委员会彭真副主任《向中央人民政府委员会关于镇压反革命和惩治反革命条例问题的报告》中，几个称谓多次出现：

……对于罪大恶极怙恶不悛的匪首、惯匪、恶霸、特务和反动会门头子开始进行坚决的镇压。于是情况迅速改变了。原来向农民倒算的地主、恶霸，纷纷向农民低头认罪了；原来到处进行破坏，猖狂活动的特务，或被枪决，或被监禁了；原来许多成股的政治土匪，迅速被消灭，或土崩瓦解、缴械投降了；连原来匪势最猖狂的福建、湘西、广西、广东、四川、贵州、云南等地，革命秩序也渐趋巩固了。总之，邪气下降，正气上升了。当着各地坚决镇压反革命活动，枪毙重要匪首、惯匪、恶霸、特务及反动会道门头子的时候，群众所表现的不是恐慌和震动，而是掌声如雷，欢呼万岁，或者放鞭炮来庆祝。

（《人民日报》，1951 年 2 月 22 日）

"土匪""特务""恶霸"等，在镇反运动中，处在了同一个语义场，这个语义场中，它们的上位词就是"反革命分子"。

"三反""五反"运动是 1951 年底到 1952 年 10 月，国家在党政机关工作人员中开展的"反贪污、反浪费、反官僚主义"和在私营工商业者中开展的"反行贿、反偷税漏税、反盗骗国家财产、反偷工减料、反盗窃国家经济情报"的斗争的统称。

"三反"运动中，"贪污分子、贪污犯、老虎"等是打击对象。"老虎"这一比喻性称谓，沿用了下来。

1952 年 1 月 23 日，毛泽东起草了《关于三反斗争展开后要将注意力引向搜寻大老虎的电报》，提到了"（大）老虎"这个喻称。

[例 3] 他领导运动的几个单位一共揪出了 14 个贪污数字过亿（旧币）的"大老虎"，虽然后来经过复查，真正能够成立的只有两个人，他仍然充满了胜利的喜悦。

（王蒙《蝴蝶》）

[例 4] 别的科里都打出老虎来了，有的还是"大老虎"，就是我们科

里一个<u>老虎</u>也打不出来。

(周而复《上海的早晨》)

[例5] 湖北省纪委表示，今年下半年仍将坚持有腐必反、有贪必肃，坚持"<u>老虎</u>""苍蝇"一起打，始终保持惩治腐败的高压态势。

(《人民日报》2013年7月19日)

"老虎"在《汉语称谓大词典》中的释义为：喻称凭借国家和人民所授予的权力，违法乱纪，给国家和人民带来损害的人；亦特指1951年"三反五反"运动中的大贪污分子。时至今日"老虎"这一喻称仍在使用，"打'老虎'"或"'老虎''苍蝇'一起打"的说法频现报端。《现代汉语词典》第7版中，"老虎"新增了"特指职位很高的严重腐败分子"① 的义项。

2. 土改运动相关称谓

新中国成立后的土改运动，是1950年冬到1953年春在新解放区占全国人口一多半的农村进行的。新解放区土地改革的总路线和总政策是：依靠贫农、雇农，团结中农，中立富农，有步骤地有分别地消灭封建剥削制度，发展农业生产；基本内容是没收地主阶级的土地，分配给无地少地的农民，把封建剥削的土地所有制改变为农民的土地所有制，对于地主分子，同样分给一定数量的土地，让其在劳动中改造为新人（《新中国的土地改革运动》，人民网）。这次土改涉及了全国三分之二的农业人口数和土地面积，在全国范围内彻底改变了农村的生产关系。

于是，新解放区农村人口也有了成分的区分，农民对应的称谓有"贫农、雇农、中农、下农，富裕中农、富农"等，还有"贫雇农、贫下中农"这样的群称。与农民完全对立的成分是"地主"。

---

① 中国社会科学院语言研究所词典编辑室. 现代汉语词典：第7版 [M]. 北京：商务印书馆，2016：783.

"贫下中农"属于"成分好"，而富农和地主则"成分不好"。成分好不好，对每个当事者个人和家庭都影响重大。这也影响到当时的择偶观念，如果一个人"成分好"，则不愁婚嫁，甚至抢手。

[例6]　德儿嫁给了贫农，没人再说她是"美女蛇"了，可是又有人说她"饥不择食""捡到篮子里都是菜"，顾维舜两口子又气又悔……

（戴厚英《流泪的淮河》）

[例7]　你怎么还能眼睁睁看着妹子跳火坑？老德的嫂子则说，你妹子要是嫁富农，我们不就成了富农的连襟了？她死活不要紧，你们总不能害自己的侄子吧，他明年就到当兵的年纪。

（陈世旭《将军镇》）

这些表示成分的称谓语在完成历史使命后，一直沿用到改革开放前。到了二十世纪九十年代，我们时而还会听到诸如"八辈贫农"这样的戏谑性称谓，比如在1996年春晚小品《打工奇遇》中，巩汉林请赵丽蓉假扮慈禧太后，赵丽蓉有一句台词："我是八辈贫农啊，她的成分太高了，我不装这个。"

时至二十一世纪初，某些需要个人填写的政治审查类表格中，依然有"成分"一栏，常见的反映是不知填何是好，但也再没有人填"贫农"之类。这种表格在形式上多年的一成不变，成为一种历史印记。

3. 反右派斗争相关称谓

1957年7月，毛泽东在南京计划召集华东各省的省委第一书记开会，研究分析形势，部署反右派斗争，为此，中共中央发出指示，在全国范围内开展反右派斗争，到1958年夏季反右派斗争结束。但斗争被严重地扩大化了①。

被错划为"右派"的多数是知识分子。从语言形式来看，这是一个群

---

①　表述参考"中国共产党新闻网"。

称，但实际上多用于个称了。

[例8] 最初是给本院伙食团拉煤，每月六车，每车半吨，早饭后出，晚饭前归。一辆架车三个右派，音乐家方兄，国画家吴兄，我。

（《作家文摘》1995）

[例9] 1957年"反右"，对我影响较大的老师几乎都成了右派，你想我还能好？

（《人民日报》1994年1月27日）

1959年，毛泽东和党中央认识到右派斗争扩大化的错误，开始平反工作，俗称"摘帽"。这里所谓的"帽（子）"，从语言层面来说，指的就是"右派"这个称谓本身。

4. 大跃进、人民公社化运动相关称谓

"大跃进"运动是1958年至1960年，中国共产党在全国范围内开展的极"左"路线的运动，是在中共八届三中全会及其以后不断地错误批判1956年反冒进的基础上发动起来的，是"左"倾冒进的产物。

"大跃进"又催生了一批专有称谓。主要有：

（1）"~派"类群称，多与态度和参与方式有关：如"稳妥派、怀疑派、观潮派、秋后算账派、炉前摇头派、促进派、促退派"等；

（2）以"红"和"白"，"土"和"洋"来区分专家教授："红/白色专家""土/洋专家（教授）"等；

（3）"~人/（能）手"："万能人、红旗手、多面手、革新能手"等。

[例10] "你们忘记了吗？我们厂里有一位多面手，十八般武艺，件件精通。"

（周而复《上海的早晨》，1958）

"红色专家"是当时对具有较高的无产阶级政治觉悟和技术专长的专家的称谓，"白色专家"指只专不红的专家学者，"只专不红，是白色专家。搞政治的，如只红不专，不熟悉业务，不懂得实际，红是假红，是空头政治家"。（毛泽东《在最高国务会议上的讲话》，1958 年 1 月 28 日）

"红色专家""白色专家"也常简称为"红专""白专"。著名数学家陈景润，因一心搞研究，也曾被冠以"白专"的帽子。①

[例 11] 学历史的人是要占有史料，而且占有的史料愈多愈好，但是如果不学马克思主义甚至轻视马克思主义，即使占有史料，也不过是一个白色专家，甚至还有变成右派的危险。

（翦伯赞，《人民日报》1958 年 3 月 18 日）

"土专家"的特点是不一定具有较高学历和专业技术职称，而是在总结丰富生产经验的基础上，能熟练掌握某种技术并有一定专长的劳动者。"洋专家"在当时通常并不是指外国专家，而是指知识分子出身的具有某方面科技或业务专长并获得相应职称的专门技术人员，是相对于从工人、农民中培养起来的"土专家"而言的对称。不妨说"洋专家"是科班出身，"土专家"则是业余出身。但当时多受追捧的却是后者，饱受批评的则是前者。

[例 12] 四川省在 11 月 5 日到 13 日召开了全省科学技术工作跃进大会。来自工、农业战线上的技术革新能手和"土"专家在会上大显身手。

（《人民日报》1958 年 11 月 18 日）

"红旗手"一直沿用下来，常见的有"三八红旗手"。北大 CCL 语料库中，"红旗手"相关语料共 441 条，其中"三八红旗手"有 230 条，占一半以上。人民数据库中，"红旗手"有 3637 条结果，"三八红旗手"有 3146 条结果，占比达 86.7%。

[例 13] 争取成为红勤巧俭的先进妇女 三八节将选拔一万个"三八红旗手"。

（《人民日报》1960 年 2 月 15 日）

---

① 徐迟. 哥德巴赫猜想 [J]. 人民文学, 1978 (01).

需指出，"三八红旗手"既是一个称谓，也是一个光荣称号，作为称号出现的语境更多。

人民公社化运动是在全面建设社会主义十年期内，党中央做出的一项的重大决策。以 1958 年 8 月毛泽东提出"还是办人民公社好"和北戴河中央政治局扩大会议通过的《关于在农村建立人民公社问题的决议》为标志，"人民公社化"运动在极短时间内骤然兴起，迅速席卷神州大地。从此开始，到全国农村于 1982 年取消政社合一的体制建立乡政权止，人民公社存在了近 25 个春秋（南方网，2003 年 11 月 19 日）。

公社存在时间如此之久，一个称谓也一直被广泛使用，就是"社员"。

[例 14] 社里有困难，你是一个社员，却自私打小算盘，不肯帮忙，你算什么东西！我跟你说明白了，你要再这么自私自利，就干脆出去……

（刘绍棠《运河的桨声》）

"铁姑娘"也是时代产物，是那个时期对女性非女性化的肯定性称谓。它即是对女性性格男性化、体力男性化的肯定，又是对一切体现女性身体特征美的否定。在其时文艺作品中，将红唇、卷发、身体曲线等女性特征美，都给了女特务、资产阶级小姐等负面形象。

这种对女性身体特征美的否认，即使在"文革"结束后，仍带着惯性影响了一代甚至几代人。很长一段时间里，部分女孩子对青春期时正常的身体发育，身体出现曲线美感到羞耻。所以，我们今天对女性性感的定义，其实是一种"拨乱反正"。

[例 15] 在贾长锁的带领下，铁姑娘们提出"多弯腰，拾净粮，割低茬，多收草"的口号，秋收干得又快又好。

（《人民日报》1973 年 10 月 29 日）

[例 16] 她不留恋这些梦了，她也不再留恋牧马铁姑娘的称号和生活，她很少说起这种称号和生活的各个侧面的迥然不同的颜色。

（王蒙《风筝飘带》）

图 4.1　"铁姑娘"①

　　上图是一个典型的"铁姑娘"形象：不在意容貌，短发，宽大的衣服，从事与男性毫无区别的体力劳动。

　　由"铁姑娘"不禁联系到当下曾经流行的称谓"女汉子"。如今，没有女性愿意被称之为铁姑娘，但却认同"女汉子"的正面肯定意味。而铁姑娘这个称谓，发生义项迁移，回缩到字面含义，变为"铁路上的姑娘"。

　　[例 17] 当然，更多乘客把赞许和钦佩送给这些"<u>铁姑娘</u>"。面对乘客的鼓励，她们说：在外宾面前，我们代表中国；在国人面前，我们代表铁路。当乘客竖起大拇指时，我们非常满足、浑身有劲。

（《人民日报》2013 年 08 月 26 日）

————————————

　　①　图片来自网络，原出处不详。

另，我们在文献考证时，也发现与人民公社有关的其他语言现象。据《中国当代民间史料集刊（一）河北冀县门庄公社门庄大队档案》（2009）载，当时生产队职务有"队长、副队长、会计、保管、妇女队长、民兵排长、老农"等（1965 年资料）。依我们现在对职务称谓的一般认知，"会计""保管"和"老农"，是算不上"职务"的，顶多算职业，而当时这样的"位子"则需要通过选举产生。"会计"作为职业称谓使用至今，"保管"则更多地被称为"保管员"。

5. "抗美援朝"相关称谓

典型的相关称谓语是"志愿军"和"阿妈妮"。

"志愿军"同"红军""八路（军）"一样，可做群称，也可指个体。做单称时，是"志愿军战士"的简称。魏巍的报告文学《谁是最可爱的人》（1951）发表后，全国范围内都产生广泛影响，"志愿军"与"最可爱的人"形成了强关联。同时，志愿军军属也无上光荣。

[例 18] 她们遇到一名志愿军就送一个土豆。但她们毕竟人太少，不可能每个志愿军都送到。

（《环球时报》2020 年 6 月 30 日）

"阿妈妮"是一个直接音译自朝鲜语的称谓，指朝鲜的老妈妈。一般情况下，一篇新闻报道或文学作品中，如果出现"阿妈妮"，则很容易判断是与"抗美援朝"有关。后来也扩展至称我国朝鲜族或韩国的老妈妈为"阿妈妮"。

[例 19] 大家急忙给小凤和阿妈妮包扎伤口，巴金轮流喂她们喝水。不一会儿，小凤苏醒过来，睁开血红的眼睛，焦急地要支起身，声音嘶哑地说："快，阿妈妮邻居还有一个小孩未抢救出来！"

（钟艺兵《巴金与朝鲜战场上的"小作家"》）

6. 其他

"一把手"如今是个耳熟能详的称谓，实际上是"第一把手"的简称形式，指单位的首要或正职领导。这一称谓首现于 1957 年。

[例 20] 我从没有听说他的党中央政治局委员、书记处书记、北京市党政第一把手等职务有何变动或被免除。此时，周恩来代表党和政府接待重要外国贵宾来访活动的重要场合，见不到彭真出面。

（《周恩来的最后十年》，张佐良）

[例 21] 按他的功绩，他是完全有资格当一把手的。为了顾全大局，他忍辱负重坐了第五把交椅。可全国革命形势又发生剧变，冒出个张铁生。

（《你是一条河》，池莉）

"右倾机会主义分子"，与"右派"不同，"后者属于敌我矛盾的范畴，而前者属于人民内部矛盾的范畴"（李慎之《我的交代和检查》）。

[例 22] 图书馆有个管理员，是五九年的右倾机会主义分子，也叫"老右"吧，那老家伙学问特别深厚，他读英文版的《毛选》。我对他特别崇拜，这也是一条问题。

（冯骥才《一百个人的十年》）

与这个时期有关的通称将在第五章详细讨论，在此提一点，"先生"在解放初期是对民主人士、旧学校教师的敬称，在革命队伍内部不是一种敬称。（胡明扬，1981）

此外，一些流行语相关的书籍中还提到，二十世纪五十年代的一个流行称谓是"战争贩子"，二十世纪六十年代则是"标兵"。

（四）评述

这个时期的各个运动中，经常把"地主""富农""反动派""坏分子""右派"五类分子放在一起，简称为"地、富、反、坏、右"，既是称谓，也是"帽子"。直到 1979 年党中央发文，才把这些"帽子"全部正式摘掉。

强政治性是本时期称谓语的最大特点。一个称谓语，已经不仅仅是"叫什么"这么简单，而是代表了"是什么"这样严肃的政治身份问题。一个人"成分"几何，有没有"帽子"，影响重大，付出的代价是由此改变的个人命运，甚至是个人的生命。称谓被无端赋予沉重的附加义。

从本时期称谓的语言构成形式看，反义语素被大量使用，构成语义对立的称谓，如"右派"隐形对立的是"左派"，"左"的隐形义是"正确"，"右"的隐形义是"错误"。再如"红/白专家""土/洋教授"，也都意味着一正一反，一对一错。

二、十年"文革"及两年"徘徊"时期（1966—1978 年）

（一）社会背景

"文化大革命"，简称"文革"，常被称为"十年动乱""十年浩劫""文化浩劫"。一般认为始于 1966 年 5 月 16 日"五一六通知"出台，结束于 1976 年 10 月。

"文革"的十年，使党、国家和人民遭受到新中国成立以来最严重的挫折和损失。

（二）分期依据

1966—1976 年为十年"文革"时期，这个时期的语言面貌具有鲜明的历史特点。1976—1978 年，史称两年徘徊期，其时虽然"文革"已经结束，但思想意识形态坚持"两个凡是"的错误方针，与 1978 年底十一届三中全会召开后，全国进入改革开放时期相比，这两年在语言形态上更接近前一个时期。比如"知青"在 1977—1978 年仍然高密度使用，国务院设有"知青办"这样的机构。而将 1976—1978 年单独划分一个时期，似乎又无必要，因此，我们从社会语言学的角度，将 1966—1978 年划为一个时期进行表述。

（三）本时期社会称谓概貌

与上个时期有所不同，"十七年"时期由大大小小的运动、斗争、事件串联，呈现出同一时期不同的称谓面貌，本时期我们主要以个体称谓讨论为主。

通称方面，"文革"期间，工农兵的地位迅速提高，尤其以工人老大哥的地位为尊，于是"师傅"就成了与"同志"并驾齐驱的称谓形式，并逐渐有取而代之的势头（崔希亮，1996）。

从词汇发展史角度来看，其时语言环境封闭，整个词汇系统没有出现新的外来词。

1. 政治类称谓

（1）"走资派""反动学术权威"

这是几个生造的、无中生有的称谓，使得语言的能指和所指在这些具体形式上产生了分裂。

"走资派"源于林彪、江青提出的"彻底揭穿军内一小撮走资派"的口号。

[例 23] 看少敏难以"过关"，便好心地劝说："大姐，为了您的身体，就屈从了吧！再不然，我替您写，只承认刘少奇是走资派，您签个字就行。"

（李树高、曹伦甫《唯一不举手赞成开除刘少奇党籍的中央委员》）

甚至可以做面称。如：

[例 24] 养猪场的"造反派"们有事无事总爱找点麻烦。比如猪饿了哼哼唧唧时，他们便喊："走资派，没听见猪叫吗？快给它们挠挠痒痒！"可怜的老局长便默默地钻进猪圈里给众猪们挨个挠痒。

（梅经楹《习惯性挠痒症》）

中国共产党第十一届六中全会《关于建国以来党的若干历史问题的决议》（1981 年 6 月 27 日）中指出：

"文化大革命"所打倒的"走资派"，是党和国家各级组织中的领导干部，即社会主义事业的骨干力量。党内根本不存在所谓以刘少奇、邓小平为首的"资产阶级司令部"。确凿的事实证明，硬加给刘少奇同志的所谓"叛徒""内奸""工贼"的罪名，完全是林彪、江青等人的诬陷。"文化大革命"对所谓"反动学术权威"的批判，使许多有才能、有成就的知识分子遭到打击和迫害，也严重地混淆了敌我。

刘少奇同志被打成"叛徒""内奸""工贼"是共和国史上最大的冤案。江青等人大概认为一个名头不够整治，三个贬称代表三个罪名，加于一人，用心险恶。而我们今天再看这样的称谓叠加，会产生更强烈的悲愤和同情。

可见，比上个时期的"错判"更为荒唐，这个时期已经变为"莫须有"的疯狂。

（2）"红五类""黑五类""红卫兵""造反派"

"红五类""黑五类"是典型的群称，"红五类"包括"革命军人、革命干部、工人、贫农（雇农、佃农）、下中农"等五类人及其子女。"黑五类"包括"地、富、反、坏、右"（地主、富农、反革命分子、坏分子、右派分子）五类人及其子女。在参军、参加工作、入党、提干等方面，"红五类"及其子女享有优先特权，"黑五类"则遭受别样待遇，甚至在婚配方面都要遭受歧视。这是根据"出身"人为制造的社会不平等。用一句放在这里不太恰当的俗话来比喻，就是"老子英雄儿好汉，老子反动儿混蛋"。

［例 25］文革开始时，我十四岁，正上初中一年级。有一天，忽然发生了惊人的变化，班上的一部分同学忽然变成了红五类，另一部分则成了

黑五类。我自己的情况特殊，还说不清是哪一类。

（余华《命中注定》）

1979年1月11日，中共中央做出《关于地主、富农分子摘帽问题和地、富子女成分问题的决定》。《决定》指出，除了极少数坚持反动立场、至今还没有改造好的以外，凡是多年来遵守政府法令、老实劳动、不做坏事的地主、富家分子以及反、坏分子，经过群众评审，县革命委员会批准，一律摘掉帽子，给予农村人民公社社员的待遇。地主、富农家庭出身的农村人民公社社员，成分一律定为公社社员，享有同其他社员一样的待遇。

如今，"红五类""黑五类"对应的身份、成分等指人的义项已彻底从历史舞台谢幕，基本只用于字面义，用来指称各种谷物，已不再是指人的称谓语。

"红卫兵"是"文革"时期的特殊产物，是由当时的大、中学生组成的群众组织，也指其成员。他们是冲击党政机关、造成社会动乱的重要力量，对"文革"在全国范围内的发展起到了推波助澜的负面作用。"红卫兵"指称这个群体时是群称，指称成员时就是单称。

"造反派"是比"红卫兵"破坏力更大的群体和个人。"文革"期间，"造反"成为褒义，"造反有理"的口号轰轰烈烈，此起彼伏。

［例26］"你以为说不知道就没事啦？比如我是个造反派，我问你'文化大革命'有什么伟大的意义，你回答说不知道，好，甩手就给你一拳头！你连'文化大革命'的伟大意义都不知道，你是干什么的？"

（陆文夫《人之窝》）

2. 其他称谓

（1）"知青""老三届""臭老九"

"知青"是"知识青年"的简称，"知识青年上山下乡"运动，从二十世纪五十年代开始，到二十世纪七十年代末才结束。

"老三届"指 1966、1967、1968 三届初、高中毕业生，没有再继续升学，出校后基本都当了知青。作为称谓语的"老三届"严格来说是"老三届毕业生"的简称。

"臭老九"的由来："文革"时期，知识分子作为被改造对象，排在了"地、富、反、坏、右、叛徒、特务、走资派"之后的第九位，加上当时公认的知识分子爱摆"臭架子"，就把知识分子称为"臭老九"。知识分子的处境跌入了有史以来的最低点。

［例27］ 只能有一个孩子进上海，这对于那些多子女的知青，对于那些想和孩子一起回上海的知青来说，当然不能算是尽善尽美的事情。

（《1994 年报刊精选》）

［例28］ 他得到恢复高考这个信息的时候，离考期只有一两个月了。听说像他这种年龄的"老三届"，就照顾这一次。那么，这是唯一的高考机会了。

（《人民日报》1985 年 5 月 10 日）

［例29］ 他们（四人帮）硬把"有文化"和"剥削者"扯在一起，把"有知识"同"精神贵族"划上等号；把广大知识分子骂为"臭老九"，看作是"复辟的社会基础"。

（《人民日报》1977 年 9 月 1 日）

（3）"赤脚医生"

这是在"文革"时期产生的，当时是对农村社员中未经正式医疗训练、仍持农业户口、"半农半医"卫生员的称呼。

［例30］ 我说："你别怕。现在咱们得赶紧找医院。乌什塔拉我比你熟悉，这儿连个赤脚医生都没有。"

（张贤亮《肖尔布拉克》）

（4）"工农兵学员"

"文革"期间取消高考，工农兵学员指不通过高考，直接从工人、农民和士兵中推荐产生的大学生。主要作为群称。

三、改革开放二十年时期（1978—1997年）

（一）时期背景

1978年12月召开的十一届三中全会，是新中国成立以来共产党历史上具有深远意义的伟大转折。全会结束了1976年10月以来党的工作在徘徊中前进的局面，开始全面地认真地纠正"文化大革命"中及其以前的"左倾"错误。这次全会坚决批判了"两个凡是"的错误方针，充分肯定了必须完整地、准确地掌握毛泽东思想的科学体系；高度评价了关于真理标准问题的讨论，确定了解放思想、开动脑筋、实事求是、团结一致向前看的指导方针；果断地停止使用"以阶级斗争为纲"这个不适用于社会主义社会的口号，做出了把工作重点转移到社会主义现代化建设上来的战略决策；提出了要注意解决好国民经济重大比例严重失调的要求，制定了关于加快农业发展的决定；着重提出了健全社会主义民主和加强社会主义法制的任务；审查和解决了党的历史上一批重大冤假错案和一些重要领导人的功过是非问题。自此开始有步骤地解决了新中国成立以来的许多历史遗留问题和实际生活中出现的新问题，进行了繁重的建设和改革工作，使国家在经济上和政治上都出现了向好的形势。①

在三中全会提出的解放思想、实事求是的号召下，广大干部和群众从过去盛行的个人崇拜和教条主义的精神枷锁中解脱出来，思想活跃，出现

---

① 佚名. 中国共产党中央委员会关于建国以来党的若干历史问题的决议［M］. 北京：人民出版社，1981.

了努力研究新情况解决新问题的生动景象。①

改革开放二十年间，思想空前活跃，经济发展迅速，文化繁荣，生活方式发生重大改变，这一切都促成汉语词汇系统的空前活跃，新兴社会称谓体现在各个方面。

（二）语料来源

除前面所提的几个语料库外，因需考证新称谓语出现的年份，故同时参考新词语或流行语相关文献，包括《流行词语看中国 1978—2008》《新词语 10000 条》《新词语速查手册》《改革开放中汉语词汇的发展》等。

（三）本时期称谓概貌

我们根据各种文献中对二十世纪八九十年代的有关记载，制出了一个新兴/流行称谓语年表：

表 4.1 1978—1996 年新兴或流行称谓语年表

年份	新兴/流行称谓语
1978	科盲
1979	硬汉、太空人、新长征突击手、待业青年
1980—1982	专业户、个体户、万元户
1980	倒爷、独生子女、实干家、台胞
1981	博士后、导游、新星、新秀
1982	马列主义老太太、第三者、明白人
1983	大腕、企业家、合同工、票霸、意见领袖、武警
1984	歌星、股民、脑力劳动者、体力劳动者、变性人、白领、港人、排头兵、强人、邮友
1985	倒爷、公关小姐、空姐、色狼、雅皮士

---

① 佚名. 中国共产党中央委员会关于建国以来党的若干历史问题的决议［M］. 北京：人民出版社，1981.

年份	新兴/流行称谓语
1986	摇滚歌手（崔健）、朦胧诗人、男阿姨、板儿爷、访问学者、港姐、片警、傻帽、舞星、笑星、烟民
1987	节目主持人、托儿、小皇帝、公务员
1988	家庭主男、导购小姐、名模、奶油小生、杀手、水客、亚姐、追星族
1989	男保姆、打工妹、大姐大、发烧友、农民工
1980s	气功大师、店长、客户、盲流
1990	杰出青年、大腕
1991	民工、老大、老外
1992	钟点工、单身贵族、大姐大
1993	马家军、农民企业家、的哥、公务员、天王、天后
1994	靓妹
1995	的姐、警花
1996	SOHO族、自由职业者、自由撰稿人、人妖
1994—1996	下岗工人、麦客、钟点工

1. 经济类

改革开放催生了新的经济体，私营经济合法化，与经济密切相关的职衔称谓、特征称谓大量出现。如"个体户、专业户、万元户、民工、倒爷、打工仔、打工妹、打工皇帝、企业家、股民、导游、白领、自由职业者"等。

"个体户"是"个体工商户"的简称，指有经营能力并依照《个体工商户条例》的规定经工商行政管理部门登记，从事工商业经营的公民。① 1981年，国务院出台文件肯定个体户是劳动者。

"专业户"是中国农村专门或主要从事某种生产活动的农户，如养鱼、种花、养猪等。他们把专业化的商品生产与家庭经济有机地结合起来，有

---

① 中国法制出版社. 个体工商户条例 [J]. 司法业务文选，2011（19）：4.

自主权，利益直接。常见相关复合称谓如"养殖专业户、养猪专业户"等。

[例31] 杜曲乡前韩村农民赵少凯，前两年还只是一个搞木板加工的<u>专业户</u>，现在已经是临颍出口装饰板集团公司一个加工厂的厂长，今年加工木材的产值可达 800 万元。

（《人民日报》1994 年）

"万元户"不是职业，是一个非常有时代感的特征称谓，很多个体户和专业户，通过勤劳致富，成为年收入超过一万元的"万元户"，按当时的物价水平衡量，是非常富裕的。随着中国经济发展，人均 GDP 的逐年增长，家庭或人均年收入/存款超过一万元不再是财富的标杆，到了 1997 年，按照当年农村人均收入测算①，农村几乎家家都成为万元户，至此"万元户"的说法也谢幕了。

需要说明的是，这几个"户"，以家庭为指称对象时，如"张三家是万元户"，并不是称谓语，但它们都可以指称个人，如"张三是个万元户"，这时就是称谓语了。

[例32] 我万分虔诚地希望他能考好，考上了，又多了一个<u>万元户</u>上大学的事例，虽然他未必能在这里学到多少东西……

（《佳作 1》CCL 语料库）

2. 文化娱乐类

二十世纪八九十年代，伴随经济的快速发展，文化娱乐业也空前繁荣，并受到港台流行文化的影响，出现了"大腕、天王、天后、歌星、新星、发烧友、追星族"等称谓语。

以上几个称谓，到了互联网时期，又被新的说法代替，如"发烧友、

---

① 根据 1997 年国家统计局统计资料，农村人均收入 2999.20 元，按照户均 4.35 人计算，平均户收入已超过万元。

追星族"如今叫"粉丝"，"大腕"成为"大咖"，"歌星"多称为"歌手"。

3. 社会现象类

社会现象类称谓其实也多与经济和文化相关，是经济发展、文化繁荣催生的新事物，多为特征称谓。

（1）"大款"和"小蜜"

大款指很有钱的人（《现代汉语词典》，2016），小蜜，其实是"小秘"的同音变体。小蜜是身兼秘书、情人双重身份的女秘书（《汉语新词新语年编1995—1996》）。

［例33］林珠绝不是人们所说的那种傍大款的轻浮女子，他康伟业也不是什么搞金屋藏娇养二奶的花花公子，他们是爱情，他们将来一定是要结婚的。

（池莉《来来往往》）

［例34］结党营私，吃吃喝喝，吹吹拍拍，你护着我，我保着你，傍大款，泡小蜜，几乎成了一些人的追求和时尚。

（张平《十面埋伏》）

"大款"和"小蜜"常对称出现，是二十世纪九十年代很有代表性的时代特征称谓，现在几乎不用了。后来，"大款"被"富商""富豪""土豪"等代替，"小蜜"已成历史词。

（2）"第三者"和"二奶"

"第三者"在这里指插足于他人家庭，跟夫妇中的一方有不正当关系的人；"二奶"指有配偶的男人暗地里非法包养的女人（《现代汉语词典》2016）。"第三者"就是今天所称的"小三（儿）"的前身。"第三者"出现最早，现在已很少使用，多用"小三（儿）"了。"第三者"可指女性，也可指男性；"小三"一般默认为女性，所以会有"男小三"的说法，其实也可以直接指男性。《现代汉语词典》第6版（2012）新增了"小三（~儿）"词条，释义为"指破坏他人婚姻关系的第三者"。

[例35] 这发现就是：每涉及到男女关系的时候，"三"是个少不了而又要不得的数目。假使你是新来凑上的第三者，你当然自以为少不了，那两人中的一人也会觉得你少不了，还有余下的一人定以为你要不得，你更以为他或她要不得。假使你是原来的退作第三者，你依然觉得自己少不了……

（钱锺书《上帝的梦》）

由上例看，"第三者"早在二十世纪四十年代就被钱锺书用来指称恋爱或婚姻关系中的插足者了，到了二十世纪八十年代，因此类社会现象多发，重新成为流行词。

表4.2 "二奶"与"小三"义素分析

	女性	非婚同居	"转正"诉求	物质诉求	情感诉求
二奶	+	+	−	+	±
小三	±	±	±	±	+

（3）"意见领袖"

"意见领袖"本来是一个传播学领域的术语，指在人际传播网络中经常为他人提供信息，同时对他人施加影响的"活跃分子"。指称这类人时就是称谓了。到了互联网时期，特别是近几年，常用"KOL"来指称"关键意见领袖"。

[例36] 张豫生表示，"这些学生是各校综合性刊物的负责人及擅长写作的青年作家，有国民党籍，也有非国民党籍，但都是校园内的意见领袖，由他们之中获得的资料，无疑的具有充分代表性与可信度"。

（《人民日报》1983年4月17日）

（四）小结（几个发现）

（1）从来源看，受经济或文化发达地区影响，有一些称谓语分别来自北京方言或粤方言地区及台湾地区，如"板爷、膀爷、倒爷"来自北京方言，"达人、波霸、新新人类、狗仔队、娱记"等，则来源于粤方言地区或台湾地区。

（2）1979 年，因为知青的安置问题，"知青"仍是高频词。

（3）通过考证发现，有的称谓语要早于常规认知出现，如"白领""第三者"等；有的已经进入基本词汇范畴，如"公务员""导游"等；有的则已成为历史词，如"万元户"。

（4）二十世纪八九十年代流行的一个通称是"老板"。私有企业主、个体户队伍的壮大，却没有相对应的面称，"老板"于是回归。

（5）对农民工的称谓，经历了"农民工"——"盲流"——"民工"——"农民工"的变化，体现了社会对这一群体从歧视到尊重的变化。

四、互联网时期（1997 年至今）

（一）时代背景和分期依据

1997 年被称为互联网元年。这一年，三大中文门户网站公司搜狐、网易、四通利方（新浪前身）先后创立①，从这一年开始，互联网对国人的影响越来越深远，网络语言也应运而生，成为语言学和其他人文社会科学研究的热点问题。

互联网是产生新词语的重要阵地，通过"新词语研究资料库"语料统

---

① 参考自《1997：中国互联网元年》（《中国商界》，2008）。还有一个说法是 1998 年是互联网元年。

计发现，近年来产生的生活类、文化类和科技类新词新语中，有相当一部分是新兴社会称谓语，活跃在当前语言生活中，有的具有高稳定性，已接近基本词汇。

互联网的出现是人类通信技术的一次革命，对各方面的影响是深远的，作为新媒体，对语言产生的影响也十分鲜明。由此，我们把称谓研究的最后一个分期称为互联网时期。

这是本书中社会称谓分期研究的最后一个阶段，互联网的发展，网络语言的兴起，产生了相当数量的新称谓语，如"闺蜜""粉丝""白富美""富二代"等，对语言变异产生了深远影响。

（二）语料来源

本时期称谓语的语料来源不再以 CCL 语料库为主，主要是新词语语料库、历年新词语年编和网络语料。网络语料方面，主要来自门户网站和各大网络社交平台等。

（三）历年新兴称谓语概貌

与上个时期相同，我们仍以年份为纲，梳理成一份历年新兴/流行称谓语年表。

表 4.3   互联网时期新兴/流行称谓语年表 1（1997—2007 年）

年份	新兴/流行称谓语
1997	娱记、形象代言人等
1998	金领、外教等
1999	海归、DJ、村官、程序员、粉领丽人、名嘴、网虫、网友、特首、售楼小姐等
2000	美女作家、背包族、时尚先生、北漂等

年份	新兴/流行称谓语
1997—2000	全职太太、青蛙、恐龙、美眉、GG、MM、网虫、菜鸟、版主、斑竹、网络写手、网络红人等
2001	小资、香蕉人等
2002	野蛮女友、猛女等
2003	闪客、黑客、红顶商人、世姐、辣妈、型男等
2001—2003	愤青、师奶杀手等
2004	人造美女、熟女、留守儿童、灰领、金领、海待、面霸、80 后、90 后、驴友等
2005	超女、粉丝、星女郎、球霸、航天英雄、号贩子、高考移民、啃老族、背包党等
2003—2005	同志、富二代、知道分子、OL、闺密（蜜）、博主、潮人、潮女、卡奴、性工作者、月光族、月嫂等
2006	草根、房奴、基民、啃老族、剩女、拼客、轻熟女、乐活族、独二代、晒客、裸替、考霸、车奴、戏霸、毒舌、职粉等
2007	干物女、快男、凤凰男、孔雀女、宅男、宅女、免费师范生、面霸、基民、考霸、奔奔族、换客、试客、周老虎等

虽然 1997 年（也有称 1998 年）为互联网元年，但中国的普通民众接触到互联网大约是在 1999 年①。所以，首批跟网络直接相关的新兴称谓语，如"网友""网虫"等，真正出现于大众视野是在 1999 年。

［例 37］和你一样上网的人叫"网友"，整天泡在网上的人叫"网虫"；……

（《人民日报》1999 年 4 月 26 日）

"北漂"指漂泊在北京的人，是"北漂一族"的简称，是个群称，也

---

① 1999 年，全国约有网民 250 万人。

可用于单称。因这类人在来京初期少有固定的住所，搬来搬去，给人飘忽不定的感觉，故此得名。这些人的心理上也是一种"漂"的状态，缺少安全感和归属感，因此，"漂"具有双重指向。

"辣妈"一词在 2003 年就已出现，到 2013 年电视剧《辣妈正传》热播，大众面传播更为广泛。

[例 38] 一开始，伴随着 6 位靓丽少妇闪亮登场，主持人问："猜猜谁是刚生完小孩的辣妈？"

（《人民日报》2003 年 10 月 24 日第 16 版《看台人语》）

再看"剩女"。"剩女"指年龄偏大的未婚女性，在 2006 年成为流行称谓语。2007 年，被收入《中国语言生活状况报告》新词之列。但"剩女"一词一直具有争议性，《新周刊》（第 311 期，2009 年）将"剩女"称为"反动词汇"，作家王蒙更是多次倡议废除"剩女"一词，认为这个词"非常难听，带有歧视性、侮辱性、嘲笑性，流露的恰恰是一些中国男人的自卑"。2017 年中国妇女报发布性别歧视类禁用词，"剩女"一词包括在列。在我们两次的问卷调查结果中显示，关于称谓语的社会评价度方面，"剩女"一词的评价度一直很低。

"剩女"虽被列为 2006 年 171 个新词语之一，也被很多文献列为当年流行语，但其实这个词早于此前已经出现，如：

[例 39] 这年头儿，有剩男无剩女，好不容易才碰到一个暂时喜欢我的女人，我欲不专一，岂可得乎？故非专一不可。

（《李敖全集》，1963）

[例 40] 北京的大姑娘成千上万，小伙子倒是"抢手货"。据婚姻介绍所的人说，"只有剩女，没有剩男"，像杜逢时这样的角儿要是在《今晚我们相识》的电视上露个面儿，屁股后边非追个"女排"不可。

（陈建功、赵大年《皇城根》，1992）

［例41］何建国睃顾小西一眼，不怀好意地笑，"实在不行生女孩儿也成，哪怕不像杨玉环像你。唉，这俗话说得真是好啊，有<u>剩男</u>，没<u>剩女</u>，你看连你这样的到头来都有我这样的男人给接着——"

（王海鸰《新结婚时代》，2006）

2006年之后，与"剩女"相关的新称谓还有"白金剩女""星剩女""优剩女""钻石剩女""双剩女""黄金剩女"等。

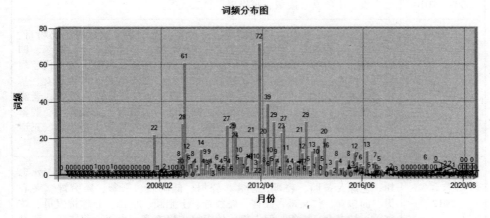

图4.2　"剩女"词频分布图（有声媒体语言库 2004–2020）

从上图可以看出，"剩女"在2017年之后就被渐渐弃用了。

"房奴""闺密（蜜）""宅男""宅女"已被收录到《现代汉语词典》第6版（2012）中，第7版也保留了下来。

表4.4　互联网时期新兴/流行称谓语年表2（2008—2013年）

年份	新兴/流行称谓语
2008	裸官、范跑跑、酱油族、肉食男、草食女、基友、水军、地震孤儿、代购手等

续表

年份	新兴/流行称谓语
2009	孩奴、暴走妈妈、脖主、经济适用男、杠杆女、寂寞党、普相女、星二代、牛孩、蚁族、Hold住姐、五毛党等
2010	果粉、僵尸粉、微博控、犀利哥、淡定哥/姐、伪娘、菲警、咆哮哥、慰问帝、冒死爷、微笑姐、春晚钉子户、低碳哥、菜奴、病奴、坟奴、嫁碗族、长草族、校漂族、抄号族、僵尸粉、森女、作女、鸡贼男、大拿、乳模、手模、鉴黄师、动妹、技术控、软妹子等
2009—2010	败犬女、半熟女、废柴、腹黑男、官二代等
2011	高富帅、狼爸、虎妈、最美妈妈、忧民哥、背书帝、龅牙哥、奶粉哥、烟草院士、大衣哥、性奴、发票奴、BMW族、起床特困生、橙领、即客、米粉、男神、娘炮、暖男、暖叔、女神、房姐、房哥、负二代、腹黑女、怪咖、国民老公、国民媳妇、红二代、黄金剩男、黄金剩女、基友、技术帝、励志男、萌爸、萌叔、男同、企官、公知、黑粉、老漂族、萌娃、稳一代、屌丝、灯笼男、阿尔法男、攒友、二傻青年、翡翠女、高富帅、国民女友、虎爸、混族、抹布女、女性爷、睿智哥、三道杠女友、糖爹、糖妞、笑脸哥、艺民、装装族等
2012	铁粉、脑残粉、白富美、吃货、伪娘、段子手、骨灰粉、海代、死忠粉、艺漂、备胎、表哥、创客、瓷男、低头族、干爹、矮穷矬、夹心男、面包女、仁义哥、社官、失独者、土肥圆、小二、心理情报员、炫富弟、炫书女、鹰爸、怨士族、侦探控、租衣客、大V、萌妹子、沙发主、渣男、主页君、艺漂等
2013	土豪（历史词复活）、中国大妈、女汉子、男闺蜜、欧巴、花痴粉、海淘客、接盘侠、理中客、喷子、深井冰、刷手、挺转派、托头、小鲜肉、星孩、大老虎（历史词复活）、安安族、80分女生、宝妈、宝爸、拆迁女、丑帅男、触屏一代、打工帝、蛋白质、剁手族、光盘族、汉字粉、绿V客、码农、暖女、屏霸、求嫁族、抬头族、天粉、外围女、晚点族、微信族、学霸、学渣、研霸、占票族、知女、指尖族、住井人、作妈等

2009 年，有"～族"类新词 47 条。2010 年，"～族、～奴、～男、～女、～客、～二代、～哥、～姐、～帝"等依然保持较高能产性，其中"～族"有 39 条。2011—2012 年，"族、奴、哥、姐、帝、男、客、女"等类词缀的能产性逐年下降，2013 年的最热称谓语不是靠类词缀产生，但能产

性最高的依然是"~族"。

说说"屌丝"一词。《2011 汉语新词语》收录"屌丝"一词，并称"该词不雅，不建议使用"。该词源于百度"李毅吧"阿 Q 式的自嘲，自认是"苦 B 青年"，与"高富帅"对立，认为自己"矮穷挫"，没钱，没背景，没未来。"屌丝"就是这么一类人，他们身份低微、生活平庸，感情空虚，不满无聊生活却又接受现状，他们不被社会认可又渴望维护自尊，但不知道该怎么去做，他们仍有自我实现的欲望，但没有明确目标。屌丝一词的出现及大热，反映的集体焦虑，不仅是文化问题，更是当下中国社会问题的折射。有学者认为，"它并不是简单的青春情绪，而是现实社会矛盾不断堆积的征兆"。[1]

我们来看网络上对"屌丝"的解读："屌丝"看上去轻薄而肤浅，却藏着双重嘲弄的意味：既是对自己缺乏资源、缺乏向上流动机会、日益边缘化的生存现状的嘲弄，也是对中国近 20 年来的主流品位以及成功学的嘲弄。"屌丝"不相信卡耐基也不相信李开复，他们甚至连自己也不相信。反抗主流品位与成功学的同时，他们形成了小人物的集体自我认同，有点像网络时代的阿 Q，只是比阿 Q 更清醒。他们知道理想遥远、现实残酷，于是用逃避来忘掉理想的遥不可及，用自嘲来消解现实的残酷迷离。某种意义上，他们也可被视为古希腊犬儒在当代的 WEB2.0 版。

一个称谓语的出现，甚至包含禁忌词（字），却成为一种文化现象，引起"广泛、深刻"的解读和解构，可见新称谓的文化力量。在此之前，"屌"字属于禁忌用词（字），常用输入法不收入字库，一般用"鸟"字替代。即使在港澳台地区是一个口语常用词，可用作形容词，表示"厉害"的意思，也一直未被列入简体中文基本字库。而"屌丝"一词出现以

---

① 《新周刊》编. 锐词：2010—2012 ［M］. 北京：现代出版社，2013：179.

后，这个字变为各种输入法字库常用可选字。进而还有热播网络剧《屌丝女士》①（2011）、《屌丝男士》（2012—2015）、《屌丝日记》（2014）等，传统媒体文章中也常出现这个词，显然在当时已"突破禁忌"，不可谓影响不大。《光明日报》（2021年12月）有学者刊文，将"屌丝""绿茶婊"等"盖章"为低俗网络用语。其实，从下图可以看出，2016年之后，这个词跟"剩女"一样，基本也被弃用了。这也体现出网络称谓语传播快、影响大、更迭快的特点。

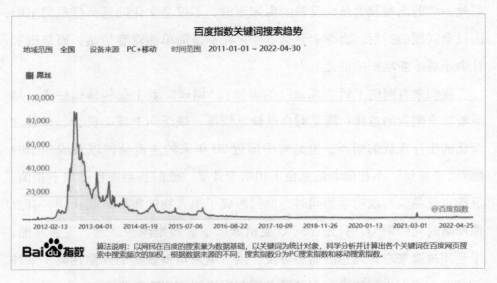

图4.3 "屌丝"一词百度指数（2011.1.1—2022.4.30）

"女汉子""学霸"等被收入《现代汉语词典》（第7版），"土豪"在第7版里也增加了新义项。

---

① 《屌丝女士》，德国喜剧小品，又名《炸弹妞》《疯狂女士》。

表 4.5　互联网时期新兴/流行称谓语年表 3（2014—2020 年）

年份	新兴/流行称谓语
2014	爱国贼、UP 主、直男、渣男、宝粉、避孩族、标配男、标签女、村帅、单人族、等贷族、弟控、点心男、点赞党、逗比、国民岳母、海投党、灰顶商人、键盘侠、科技粉、临终关怀师、暖爸、陪跑族、首腐、刷阅族、屯票党、脱网族、网屯族、习大大、上山虎、下山虎、学神、阳光族、阴天族、医疗理财师、影子户、砸锅党、职二代、自干五、走走族、CP 粉、老鲜肉、女神经、小三劝退师、羊毛党等
2015	单身狗、加班狗、程序猿、爱豆、韭菜、霸屏帝、拆发户、朝阳群众、潮汐族、城归族、筹客、创一代、飞手、国际扫客、假宅族、僵尸友、坑二代、暖壕、配资客、晒步党、晒跑族、闪送员、首席吐槽官、毯星、网红、西城大妈、小公举、凿船党、智抠族、助筹客等
2016	铲屎官、劣质艺人、流量小花、流量小生、流量演员、吃瓜群众、床贩子、大宝、二宝、第一网红、逗闷师、独自族、二战族、洪荒少女、唤醒师、会托、空巢青年、老司机、流性人、遛娃师、旅游网红、迷弟、迷妹、斜杠青年等
2017	佛系青年、流量明星、流量艺人、流量花生、刷一代、小姐姐、小仙女、油腻男、妈宝男、妈宝女、村小二、大触等
2018	社畜、宝藏男孩、顶流、肥宅、托尼老师、带路党、地域拖油瓶、抖友、杠精、海淀网友、朝阳群众、海螺人、积极废人、冷恋人、赔审员①、骑手、沙雕、社会人、声音鉴黄师、数据粉、土味青年、炸街族、座霸等
2019	饭圈女孩、甘蔗男、甘蔗女、光想青年、河豚精、黑衣人、考二代、狼人、狼灭、龙眼男、芒果男、妈粉、女友粉、萌新、乡村主播、脂粉、职黑、自鸽选手等
2020	舱友、丑橘男、打工人、定金人、尾款人、熬夜人、拼单人、带货官、干饭人、工具人、后浪、集美、卷王、流调员、逆行者、1 号病人、做题家等

2014—2020 年新产生的称谓中，依托的能产性较强的类词缀依然有

---

① "赔审员"即"（保险）理赔审核员"，简称为"赔审员"，是谐音"陪审员"而造的网络新词。

"~族、~党、~男、~女、~客、~二代"等，能产性更强的是"~人"，如"打工人、尾款人、干饭人、工具人"等。另外，"流量小生""流量小花""流量明星"等在 2016 年横空出世，并常直接简称为"流量"来指称明星。与此同时，2014 年大火的"小鲜肉"，也就逐渐被"流量（小生）"取而代之了。此外，还有一系列与"粉丝"有关的新称谓产生，如"CP 粉""数据粉""妈粉""女友粉""脂粉"等。

"杠精"依托类词缀"精"，产生于 2017 年底，2018 年在网络上迅速流行，指"喜欢挑刺，热衷反驳，抬杠成瘾的人"（《2018 汉语新词语》）。

"狼人""狼灭"这组称谓词的产生非常有趣，是少有的靠字形变化派生出的新词。"狼人"是比"狠人"还要狠一"点"，是狠人的"升级版"，而"狼灭"则是"狼人"的加强升级版，是比"狼人"狠了不止"一两点"，还"横"，取字形和字义的"双关"义。

2020 年，与新冠肺炎疫情相关的称谓出现和流行，如"舱友""流调员""1 号病人""逆行者""大白"等，这些称谓忠实、客观地记录和反映了社会事件、社会变化和历史进程。

（四）称谓语产生的类型

1. 出现新词

新词产生的方式有：

（1）来自方言词或地区词

如"熊孩子"来自北方方言，"达人"来自台湾地区。

（2）仿拟/类推造词

如依托"~二代、~哥、~族、~控、~男、~女、~党、~粉、~人"等类词缀新产生的词；还有"空嫂、男神、基民、横漂、女汉子、男闺密、知本家、金领、粉领、橙领、蓝颜知己"等。

（3）缩略造词

如"小资、愤青、超女、自干五、文青、职粉、米粉、职黑"等。

（4）借自外语词

如借自日语的"正太、萝莉"，借自韩语的"欧巴"，还有借自英语的"草根（grass roots）、粉丝（fans）、朋克（punk）、OL（office lady）"等。

（5）谐音造词（多用于网络）：

如"童鞋、砖家、叫兽、筒子、斑竹、板斧、蜀黍、集美、脂粉、小公举"等。

这类词可以说是谐音，也可以认为是别字，是网络特定语用环境下的产物。最初多是因为打字时拼音输入法选词造成的别字，比如某些方言区的网民，打字时拼音会出现错误，结果产生了"筒子""童鞋"等，分别成了"同志"和"同学"的网络语言谐音变体。"砖家""叫兽"则是由于对某些专家和教授的不满，故意为之，取讽刺之意，但 2014 年一部韩国电视剧《来自星星的你》的大热，剧中男主角的一个身份是大学教授（韩国对大学老师都称为教授），使大小媒体都争相使用"叫兽"，并有了亲切之意。"集美"是"姐妹"的谐音，因某位网络直播红人为达到搞笑目的将"姐妹们"说成带有方言口音的"集美们"而流行①。

（6）字形变化造词

如"狼人"和"狼灭"，分别是比"狼人"多了一"点"和多了"三点加一横"。

（7）网络语境产生

指狭义的网络称谓，如"大 V、僵尸粉、大牛、水军、楼主、博主、（网络）写手、up 主、群主"等。

---

① 邹煜. 汉语新词语：2019—2020 [M]. 北京：商务印书馆，2021：58.

"大 V"是典型的产生于网络的称谓，现在也出现语义泛化，可以泛指某个行业的重要人物或喉舌。如"新闻界大 V、地产界大 V"等。

2. 原词义项增加或转移

如"土豪、干爹、小资、白骨精、主播、小清新"等。

"小资"过去指小资产阶级，现在是对有一定学历和经济实力，特别是对追求所谓生活品位、情趣和格调的人的称呼，多指年轻人。(《流行新词语》)

[例 42] 西瑁洲岛守备队的干部、战士说，江青这个白骨精，对部队学习马列主义、毛泽东思想十分仇视。

(《人民日报》1976 年 12 月 5 日第 4 版《海南岛驻军怒批江青》)

[例 43] 35 岁的盛莉是地道的新上海人，标准的"白骨精"。说话干脆利落，思路敏捷开阔，偶尔夹带一两个英语单词。

(《人民日报》2012 年 8 月 10 日第 8 版《让人才温暖而自由》)

同是《人民日报》的文章，一则刊于 1976 年，一则刊于 2012 年，时隔三十多年，"白骨精"一词的词义已完全不同。另外，从造词法看，后义的"白骨精"，是取"白领、骨干、精英"三词的缩写形式。

"主播"经历了从电台主要播音员到电视播音员/主持人，再到互联网节目或活动主持人的义项变化：

[例 44] 严晓频此时已到美国三年，担任着一家中文电台的节目主播——于是，严晓频有了她从影以来最重要的一次机会：在剧中扮演女主角郭燕。

(《人民日报》1993 年 10 月 9 日，《严家晓女梦频仍——严晓频印象》)

[例 45] 撼天动地的呐喊，电视台主播饱含深情的泪水，整齐列队向遇难者遗体默哀的外国救援队，这一幅幅画面、一条条信息，无不让人为之动容、为之行动。

(《人民日报》2008 年 6 月 2 日，《大灾面前，媒体交出合格答卷》)

[例 46] 在草地上惬意地丢飞盘，到郊区登山欣赏山花烂漫，在家跟着网络主播跳毽子操……

（《人民日报》2022 年 5 月 25 日，《让健身运动成为一种生活习惯》）

3. 原词感情色彩发生变化

如"公知、妖孽、文艺女青年/女文青、吃货、学霸"等。

[例 47] 所有的庄稼都长得非常好，好得使我不得不自认是妖孽，就因为治服了我们这些右派妖孽，才风调雨顺的啊！

（戴厚英《流泪的淮河》，1999）

[例 48] 从唐朝开始，"妖孽"这个贬义词就用来形容女色了。

今天，"妖孽"已在亚文化和某些生活情境中获得褒义，用于赞美。

当代女性并不介意成为妖孽、成为尤物、成为万人迷、成为男女通杀的美人儿、成为朋友和公众眼中有魅力的人，艳压群芳，技惊四座，如同男人们并不介意成为成功人士。

（《新周刊》第 414 期，2014）

我们看到，"妖孽"的感情色彩由贬及褒，只是近一二十年内的事情，大概受到网络文学的影响，也不仅限于描写女性，一般形容小说中的人物外貌极端美丽不似凡人。后经媒体放大使用，增加了褒义色彩。

"学霸"一词被《现代汉语词典》第 7 版（2016）收录，其中一个义项为"学习成绩优异的学生"，是褒义的；还有一个义项是"指在学术界称王称霸的人"，是贬义的。《汉语称谓大词典》（2001）中，将"学霸"释义为"把持学界的恶棍"，是一个贬义称谓。"学霸"最初用于褒义时，因其本义是贬称，还常常加""号，在 2012—2013 年，褒义用法迅速得到认可，现在基本已不加引号。

[例 49] 长沙女神学霸黄雨桐才貌双全刷新学霸新高度，黄雨桐还是雅礼中学近 10 年来被剑桥大学录取的首位学生。这个可以用"漂亮"和

"明星气质"来形容的小女生，成绩好得足以亮瞎你的眼睛。

（新华网，2014）

"货"指人时原为骂人的话，如"蠢货、笨货、好吃懒做的货"等，现在指人变为中性义。代表性的称谓语是"吃货"，贬义色彩已逐渐退却，目前最为认可的解释是指特别会吃、特别爱吃的人，还可指美食领域的专业人士①。"吃货"成为近十年来的高频词，与2012年央视纪录频道推出的美食专题纪录片《舌尖上的中国》的热播不无关系，再借助新媒体的推波助澜，得以广泛传播和使用，与此同时，詈称（或贬称）的本义已全然不见。

[例50]近日，央视热播的大型美食纪录片《舌尖上的中国》让不少"吃货"看得大咽口水。

（《健康时报》，2012年5月28日）

[例51]随着28.8万吨进口智利车厘子快过保质期，价格暴跌。吃货们看到了一个好机会。

（《环球时报》，2021年3月10日）

4. 部分职衔称谓语泛化（语义场扩大）

主要有"导师、技师、总监、讲师"四个称谓。

---

① 据互联网资料。

表 4.6　部分职衔称谓语泛化对比表

职衔称谓语	本义（词典义）	泛义	新义例句
导师	①高等学校或研究机构中指导人学习、进修、写作论文的教师或研究人员：博士生~。②在大事业、大运动中指示方向、掌握政策的人：革命~。	爱情导师心灵导师音乐导师	［例 52］《非诚勿扰》连换三任导师，电视屏幕上的爱情导师急剧扩编，都快赶上爱情的数量了。（《新周刊》，2014 年 2 月）
讲师	高等学校教师的中级专业职称。	培训讲师传销行业讲师	［例 53］清华万博公司则与韩国 Fovix 公司达成"中韩游戏人才教育计划"，引进优秀的游戏开发者担任培训讲师。（新华社，2004）
技师	在工人中设置的技术职务，多从有经验的高级技术工人中评聘。	美容技师按摩技师性工作者婉称	［例 54］近日，上百名东莞女技师因扫黄失业后，聚集在一起向老板讨薪。（荆楚网，2014）
总监	总监管人：财务~/技术~/舞台~。	发型总监	［例 55］发型师中级别最高的是大荣荣美发店的发型总监金永贵，他在店里的剪发价格是 88 元。（杭州网，2014）

我们看到，"讲师""技师"是职称称谓，泛化使用后变成了职业称谓。"导师"不仅可以指导革命，指导学习，还能指导爱情和音乐；"总监"用来称发型师，难免"大材小用"。

无论是导师、讲师还是总监，在社会评价中都属于地位较高，工作体面、受人尊重的职衔称谓，而泛化之后多用于一些从事体力劳动或社会评价较低的行业，反映出部分体力从业者对获得社会尊重的渴望。这恰恰是权势语义原则在称谓中的支配作用。

这种使用方式是否是"滥用"?《中国好声音》使"导师"一词名声大震,继而《中国好歌曲》续用"导师"称谓。各种层出不穷的"培训讲师"逐渐成为一个从业人员数量庞大的新兴职业。

5. 部分通称的泛化使用

以"同学"为例。"同学"的外延也有扩大趋势,不仅指在校学生,也用来指未入学儿童或非在校成年人。《新周刊》文:

[例 56]"这位同学""同学们",这绝不是只在课堂上才听得到的话。如今在所有的写字楼里,西装男女们都互称同学。同事见面称呼同学,领导训话说各位同学,这些学校里的称呼在硬邦邦、冷冰冰的职场里起到了柔化的作用,让我们的战斗生涯也显得温情了许多。

(陈漠《非亲戚的亲戚们》,《新周刊》第 363 期,2012 年第 2 期)

IT 行业、新媒体行业等尤其偏好于使用"同学"这一称呼。近来,某电商企业将员工称为"同学",裁员则美其名曰"毕业"。

[例 57]更出乎意料的是,在网友爆料的资料中,京东 HR 将"裁员"美化成"毕业"。每位被裁的同学都收到一份"毕业须知",开头先是祝福大家"毕业快乐!恭喜您从京东顺利毕业!感谢一路相伴!"

(网易新闻,2022 年 3 月 28 日)

(五) 特点

1. 很多称谓不具有全民普及性,传播和使用人群呈年轻化及高学历态势。

如电视剧《辣妈正传》热播后,"辣妈"一词才火遍全国,但在此前,"辣妈"并不具有大众认知度。

2. 具有不同的生命力。

生命力强的如"粉丝",自 2005 年产生至现在,已不限于年轻人使用,具有高稳性,并被收入《现代汉语词典》。生命力弱的如"网虫",

产生于互联网普及初期，产生距今超过二十年，现已很少使用。原因在于，互联网初期，网民数量本来就少，网民中极度沉迷于网络的"网虫"，绝对数量就更少了；而现在随着移动互联网的普及，全国网民规模已超过10亿，上网成为日常，"网虫"也就没有提起的必要了。如果要指称喜欢或沉迷于某项事物的人，现在多用"~控"，还可以用"~er"，分别借自日语和英语，当然这两种用法也不具备大众性。因现在多用移动设备上网，则出现了"低头族"这样的群称。"低头族"更具生命力和大众传播性。

3. 传播和普及速度越来越快。

如"土豪、小伙伴、女汉子"，均是2013年热词，传播和普及可谓火箭速度，从最初只在网络上流行迅速延伸至线下语用情境，甚至连几岁的小朋友也能大体了解"女汉子"的意思，在日常表达中使用。

（六）《现代汉语词典》第6版新收称谓词

《现代汉语词典》第6版（2012）与第5版（2005）相隔七年，这期间，新称谓语层出不穷，较之第5版，第6版新增词条中，有一定数量的社会称谓语。这些称谓词作为汉语新生词汇的一部分，从产生到趋于稳定、接受群体从小众到大众。增收的称谓词主要有：

（1）"宅男、宅女、房奴、闺密（闺蜜）、香蕉人、小三（儿）"等。

（2）外来词："粉丝""新人类"等，其中"粉丝"是英语fans的音译形式，"新人类"则来自日语。

（3）粤港澳地区词："狗仔队"等。

（4）台湾地区词："太空人""达人"等。

［例58］但这些孩子在美国出生，或者七八岁时来美，已完全美国化了，除了长着一副华人面孔外，已经变成十足的"香蕉人"（黄皮白心），根本不买父母的账，他们往往以逃学、不回家来反抗，令问题变得更严重。

（《环球时报》，1997年1月26日）

[例 59] 2003 年秋，神舟五号飞船载着中国第一位<u>太空人</u>杨利伟飞上太空，让中国成为继苏、美后，第三个将人类送上太空的国家。

（《人民日报》海外版，2021 年 5 月 11 日）

（七）《现代汉语词典》第 7 版新收称谓词

《现代汉语词典》第 7 版出版于 2016 年，与第 6 版（2012）相隔四年，是历次版本中与上一版相隔时间最短的，因而修订时间短，规模较小。第 7 版主要增收新词语 400 多条，增补新义近 100 项，其中也有一小部分是称谓词。

1. 新增称谓词

如"榜主、备胎、博主、创客、老赖、暖男、文青、协警、学霸、医闹、志工、女汉子、小清新、大大"等。

第 7 版中"小清新"词条有两个义项，一个是做形容词，第二个义项是做名词，指"新颖而不俗气的风格，也指追求这种风格的年轻人"。指人时就是称谓词。

"小清新"最初指的是一种以清新唯美、随意创作风格见长的音乐类型，之后逐渐扩散到文学、电影、摄影等各种文化艺术领域。这种起初颇为小众的风格，逐步形成一种亚文化现象，受到众多年轻人的追捧。在中国，偏爱清新、唯美的文艺作品，生活方式深受清新风格影响的一批年轻人，也被叫作"小清新"。①

[例 60] 如推荐清迈的广告中称："清迈被文艺<u>小清新</u>们甚为推崇，相比曼谷芭堤雅的繁华热闹，这里清爽怡人、远离城市的喧嚣，……"

（《国际金融报》，2013 年 1 月 7 日）

"学霸""女汉子"等从 2013 年的大热到收录进《现汉》，只用了短

---

① 表述参考互联网资料。

短 3 年时间，可见互联网时期新生词语传播速度之快、范围之广和接受度之高。

2. 同形新义

如"编辑"一词，原来有同音同形的"编辑"词条，做动词，第 7 版增加了名词词条，其中一个义项是"做编辑工作的人"。

再如"大大"，原有同形的副词词条，新增了名词词条，读音为 dà da，其中一个义项为"尊称年长的男子（一般指年纪大于父亲的）"，是一个拟亲属称谓。

3. 增加新义项

如"土豪"新增了"指暴富的文化素质不高的人，也指喜欢炫富的有钱人（多含讽刺或戏谑意）"的义项。

"老虎"新增了"特指职位很高的严重腐败分子"的义项。

（八）小结

1. 历年新词语与社会称谓语

表 4.7　历年新词语中社会称谓语所占比例一览表（2003—2013 年）

年份	新词语数量	社会称谓语数量	所占比例①
2003—2005	251	53	21.1%
2006	171	46	26.9%
2007	254（420）	102	24.2%（102/420）
2008	359（444）	72	20%
2009	396（573）	100	25.2%
2010	500（623）	113	22.6%
2011	593（618）	122	20.6%

---

①　所占比例指当年新词语中出现的社会称谓语占总数的百分比。

年份	新词语数量	社会称谓语数量	所占比例①
2012	585	132	22.5%
2013	310	55	17.7%

注：括号内为侯敏、周荐主编《2009汉语新词语》《2010汉语新词语》《2011汉语新词语》所收新词语数量。括号外为《中国语言生活状况报告》发布的前一年媒体新词语数量。新词语数量统计在《生活状况报告》中存在同一年度数据不一致的问题，误差在1~2之间。

表4.8 中国媒体十大新词语（2009—2013年）社会称谓语所占比例一览表

年份	十大新词语	社会称谓语	所占比例
2009	被时代、躲猫猫、蜗居族、钓鱼执法、甲型H1N1流感、临时性翻墙、穷二代、70码、压力差	蜗居族、穷二代	20%
2010	给力、偷菜、胶囊公寓、富二代、蜗婚、团购、伪娘、秒杀、裸捐、围观	富二代、伪娘	20%
2011	伤不起、起云剂、虎妈、政务微博、北京精神、走转改、微电影、加名税、淘宝体、云电视	虎妈	10%
2012	正能量 表哥 失独家庭 鹰爸 元芳体 莫言热 弹性延迟 甄嬛体 骑马舞 中国式过马路	表哥、鹰爸	20%
2013	中央八项规定、棱镜门、H7N9禽流感、土豪、自贸试验区、单独二胎、中国大妈、光盘行动、女汉子、十面霾伏	土豪、中国大妈、女汉子	30%

注："中国媒体十大新词语"由国家语言资源监测与研究中心、中国传媒大学、北京语言大学、商务印书馆联合发布。2006年起国家语言资源监测与研究中心开始对新词语进行监测，2007年起每年出版汉语新词语编年本。2011年在原有工作的基础上，从新词语中选取使用率最高的十条新词语作为"中国媒体十大新词语"发布，并成为"汉语盘点"活动的一部分。

2013年，"蚁族、北漂"等新生称谓出现在中央领导人讲话中，意味着它们得到了从民间到官方的认可。

［例61］认真研究工人、农民、干部、知识分子等不同群体的利益诉求和政策诉求，包括注意关注蚁族、北漂、海归、海待、散户等社会上新出现的人群，分析哪些是共性需求、哪些是个性需求，有的放矢地开展工作。

（刘云山《加强和改善党对全面深化改革的领导》，《人民日报》2013年11月19日第三版）

2. 互联网的影响

正如互联网和互联网思维影响和改变世界一样，网络语言也已经产生并将继续产生深远影响。作为网络新词语代表的网络新兴社会称谓语，使用语境早已从线上延展至线下，影响范围从小众扩展到大众。

互联网的影响，一是直接产生与网络有关的称谓语，是生产源，二是传播和普及速度变快，范围变广，是传播源。作为一种新媒体，也放大了媒体的力量。互联网特别是移动互联网时代的到来，对人们的生活方式也产生改变，出现了从"网民、网虫"到"微博控、微信控、低头族、拇指族、点赞党"等群称称谓，这些称谓都是一种表征性称谓。

3. 性别称谓缺位问题

时至今日，称谓的性别缺位问题依然存在。在已有和新兴的称谓语中，一部分对称出现，如有"帅哥"就有"美女"，有"女神"就有"男神"，还有一部分则是只有指称女性或男性的单向称谓，无对称形式。

表4.9　性别对称及非对称称谓表

对称称谓		非对称称谓		
男	女	男	女	中性
先生	小姐	Ø	师母	
俊男/帅哥	靓女/美女	Ø	军嫂	
正太	萝莉	Ø	妇女	

对称称谓		非对称称谓		
男	女	男	女	中性
男神	女神	Ø	森女	
凤凰男	孔雀女	Ø	女文青	文青
小伙子	大姑娘	Ø	女博士	博士
男士	女士	Ø	腐女	
男生	女生	汉子	女汉子	
男子	女子	暖男	暖女*	
潮男	潮女	贱男	贱人	
高富帅	白富美	男闺密	闺密	
蓝颜知己	红颜知己	剩男*	剩女	
的哥	的姐	型男	型女*	
空少	空姐	渣男	渣女*	
宅男	宅女	鸡贼男	Ø	
帅哥/靓仔	靓妹	猥琐男	Ø	
才子	才女	小白脸	Ø	

对男性的贬称，多没有对应的女性称谓，如"猥琐男"。对男性的褒称，虽然有时会看到对应的女称，但应用极少，多认为是生造词，如"型男"和"暖男"。而对女性的褒称在先者，如"女神"，其后仿造的对称"男神"，则迅速被接纳和广泛使用。虽然有"剩女"也有"剩男"，"剩女"的讨论度则比"剩男"大太多。

表 4.10 "剩女""剩男"百度指数对照表

词条	百度搜索指数日均值（2011—2021 年）	百度咨询指数日均值（2017—2021 年）
剩女	962	476303
剩男	280	198722

4. 新生类词缀

互联网时期的称谓语，还有一大贡献，就是为现代汉语增加了许多具有能产性的新的类词缀。如"~奴、~帝、~二代、~后、~粉"等，此前并不能作为类词缀，成为构词语素。它们有的在出现之初，也并不具有能产性，如"粉丝"中的"粉"，因为"粉丝"作为音译词，是一个单纯词。后来却出现了"僵尸粉、脑残粉、忠粉、铁粉、数据粉、CP 粉"等，具有了能产性，而且还从单一的对明星各类型粉丝的指称，扩展到"果粉、米粉、科技粉、天粉①"等；再如"宅"，除"宅男""宅女"外，还出现了"技术宅、死宅、肥宅"等。这些都是现代汉语词汇系统充满活力和魅力的有力体现。

---

① 天粉：指天文爱好者，见《2013 汉语新词语》。

第五章　通称历时研究

通称，指一般不严格区分被称呼者的年龄、职业、身份等，在社会上广泛适用的称谓语，其特点是：数量少，使用的人数多、频率高（马宏基、常庆丰，1998）。我们认为通称是通用称谓语的简称，在社会交际中使用，是社会称谓系统中的一个重要组成部分，如"同志""先生""小姐""师傅"等。研究和发现通称变迁规律，对整个社会称谓系统研究具有重要意义。还有一些称谓，如"老师""亲""美女""同学""宝宝"等，也在一定程度上泛化为通称。

另外，拟亲属称谓和零称谓有时和通称出现在相同的言语交际场合，并替代通称出现，在社会交际中起到与通称相同的作用，因此，在本章中一并讨论。

本书第三、四章以时间为轴，分时期讨论了称谓的演变，本章则以个体称谓语为点，探讨称谓的历时发展。

一、通用称谓语研究概述

（一）基础研究

赵元任（1965）向西方介绍汉语称谓时，将通称放在"Titles"一类中阐述，介绍了新中国成立之前，"先生 shian. sheng""小姐 sheau. jiee"

"太太 tay. tay""女士 neushyh""夫人 fu. ren""老太爷 laotayye""老太太 laotay. tay""少爷 shaw. ye""少奶奶 shawnae. nae"① 等社会尊称,并指出"少爷、少奶奶"等称谓已过时。

马宏基、常庆丰(1998)认为最常用的通称有"同志""师傅""先生、女士、小姐、太太""朋友""阿姨""大伯、叔叔、大妈、大哥"几种,在介绍通用面称时,指出除上述几类外,"老师"也是公共场合对他人的一称尊称,不同于职业称谓语中的"老师",如在山东省济南市,人们就普遍尊称对方为"老师"。

丁安仪(2001)将通称称为泛称社会称谓,讨论了"同志""师傅""先生""小姐"等称谓的使用变化,认为"同志"虽然缩小了使用范围,但它在可预见的未来不会从泛称中消失,并总结了目前(2001 年)"同志"的使用范围:(1)五十岁以上的人群中还有较高的使用频率;(2)在中国共产党内政治生活中的正式场合,只有这个称谓最合适、最亲切;(3)在国家党政机关、企事业单位内部严肃话题的场合,尤其是对某些人进行批评教育时,"同志"这一称谓不仅说明了话题的严肃性,而且代表了谈话人与接受谈话人之间的正式组织或行政关系。

(二)历时研究

有关社会称谓变迁的研究多以通称为切入点。李明洁(1999)指出在二十世纪九十年代末,人们的称呼方式在多元化的同时趋向稳定,据其 1995—1997 年在上海的一次千余人调查表明,"小姐、同志、先生"已成为全社会的领衔称呼,同时各阶层内部存在着相对稳定的首选泛尊称,如公司职员通行"先生、小姐",体力劳动者爱用"师傅",公务员阶层仍使用"同志",文艺界则通称"老师",从 1980 年前后开始出现,二十世纪

---

① 下划线部分为赵元任(1965)英语原文使用的指称形式。

八十年代末开始盛行。

李树新（1990）从称谓与中国传统文化的角度，解析了从"长官"到"同志"是新旧称谓形式的变化，也是新旧文化观念的变化。

羿翀（2007）对改革开放以来的社会通称用语进行研究，指出在言语交际过程中，通称具有交际引导功能、情感表达功能和社会文化标志功能等三大功能，遵循礼貌原则、得体原则和人际接纳原则，通称的选择和使用要受到社会环境、社会心理等客观因素和主观因素共同制约。

（三）个例研究

通称个例研究更为深入和广泛，成果颇丰。祝畹瑾和卡罗尔·迈耶斯-斯考藤（1983）对"同志"的用法调查分析，被西方语言学界广泛引用。祝畹瑾（1984）对"师傅"用法的调查，黄南松（1988）对"老师"用法的调查，是二十世纪八十年代有关通称个例有代表性的调查研究。

李明洁（1996，1997）先后在《修辞学习》《咬文嚼字》和《语文学习》发表系列小文章，包括《称谓的文化含义——从"太太"的文化含义谈起》《世事沉浮论"同志"》《风情万变看"小姐"》《唯技是尊谈"师博"》《德学为高话"老师"》《称呼语"老板"的由来及使用现状》等，用不长的篇幅向大众介绍几个流行称谓语的变化。

姜德军、道尔吉（2004）研究了"先生"的古今嬗变，指出"先生"的指称对象从有德识的长者到普通人，呈现通用、泛化的趋势；与交谈者之间的身份差距以及亲疏程度等相呼应，"先生"这一称谓使用的原则从"等差"演变为"情感"。

周一农（2005）在《词汇的文化蕴涵》一书中，提出"小姐"一词经历了四次变化：元明时期的贵族化、建国初期的政治化、改革开放初的平民化和二十世纪九十年代后期的贬化，并从语义演变自身出发，引进"葛氏定律"（劣义驱逐良义定律）进行贬化的原因分析。另外，他还在同一本书中讨论了"同志"的回归。

通称的个例研究多从词义演变和语用变化的角度切入，探讨变化及背后的原因，同时，各家观点基本达成共识，分歧不大。

二、通称个例研究

（一）"同志"

1. 内涵和外延

《现代汉语词典》（2016）：①为共同的理想、事业而奋斗的人，特指同一个政党的成员。②人们惯用的彼此之间的称呼：女~｜老~｜张~｜~，请问您贵姓？

《称谓语大词典》：①志向、情趣相同者。②同心人，谓夫妻。③现为人们之间的通称。

《辞海》（1965 年版）：政治理想相同的人；同一政党的成员相互之间的称谓。

《辞海》（1979 年版）：（另加）我国公民彼此之间的一般称呼。

《辞海》（1989 年版）：社会主义国家公民彼此之间的一般称呼。

《辞海》（1999 年版）已无"公民之间的一般称呼"这一条。

《汉语新词年编 2003-2005》：同性恋。

2. 语用方式

（1）单独使用或"同志+们"。

（2）"姓/名+同志"：如"小平同志"。

（3）"职衔称谓+同志"：如"局长同志、司令员同志"等，再如"警察同志、解放军同志"等，可以既做面称也做背称。

［例 1］陈皓若举手向方英达敬个礼，"副司令员同志，'二〇〇〇对抗演习'庆功酒会准备完毕，请您指示。"

（柳建伟《突出重围》）

（4）"老/小+同志"。"老同志"在特殊历史时期，也是对一些中央领导人的专称。

[例2]"……这里，高音喇叭只能喊，'造反派'不敢冲。我要一走，他们冲进来怎么办？中南海住着的老同志怎么办？"他拼着一身，保护了刘少奇、邓小平和许多掩藏在中南海的领导干部。

（《周恩来传》）

（5）"同志+哥/姐"。这是带有一定方言色彩的称呼方式。例：

[例3]（歌词）同志哥 请喝一杯茶呀 请喝一杯茶

（《请茶歌》）

（6）其他：如"爱人同志"。

[例4]（歌词）在这批判斗争的世界里 每个人都要学习保护自己 让我相信你的忠贞爱人同志

（罗大佑《爱人同志》）

3. 历时演变

（1）产生

在资产阶级民主革命时期，革命党人内部已互称"同志"，"同志"成为政党或革命团体内部成员之间的称呼。孙中山先生在 1918 年曾发表《告海内外同志书》和《致南洋同志书》。同盟会会员也互称"同志"，听上去不但得体而且悲壮。最著名的莫过于孙中山的《总理遗嘱》中那句："革命尚未成功，同志仍须努力。"

后来，受苏联无产阶级革命影响，共产党人也采用这个称谓。1921年，中国共产党"一大"党纲中规定："凡承认本党党纲和政策，并愿成为忠实的党员者，经党员一人介绍，不分性别，不分国籍，均可接收为党员，成为我们的同志。"这是中国共产党在正式文件中最早使用"同志"一词，并赋予其新的含义。

[例5] 马英第一次听到母亲说同志，他转过脸来望着郑敬之，又是一阵紧紧的拥抱，同志，还有，还有什么比同志更亲密呢？为了共同的理想，共同地忘我地战斗！两个战友同时流出眼泪，滴在对方的肩膀上。

（李晓明《平原枪声》）

（2）盛行

新中国成立后，"同志"取代"先生、小姐"等，由党内延伸至党外，成为全社会不分性别、身份、年龄等因素通用的称呼，盛极一时，风头无两。当然，"同志"仍具有阶级性，人民专政的对象，自然不能被称为"同志"。这一语言现象是政治外力作用的结果。

"同志"被中央领导人由上而下推行使用。1951年，毛泽东在审阅李达同志撰写的《〈实践论〉解说》一书时，将书稿中出现的"毛主席"字样，通通圈去，一一改写为"毛泽东同志"。1958年11月，在与刘建勋、韦国清的通信稿上，他将标题中的"主席"改为"毛泽东同志"。1959年8月3日，毛泽东致信刘少奇、周恩来、彭真、杨尚昆等同志（《毛泽东书信选集》第565页），建议党内一律用同志称呼，不要以职务相称（中国共产党新闻网，2009年）。1965年12月14日，中央专门发出通知，要求党内一律称"同志"。

至于缘何由党内延伸至党外，这应该是受"跟党走，听党话"的影响，将这一称谓也学而广之。

（3）衰退和让位

"同志"盛行近二十年，到了"文革"时期，政治斗争形势恶劣，"同志"代表"政治正确"，不是谁都有资格当"同志"了，甚至连国家主席刘少奇，被污蔑为"走资派、工贼"，都不能再被称为"同志"，其他人更不能再随随便便被称或称别人为"同志"了。举个例子，1972年1月，毛泽东参加陈毅追悼会，对其夫人张茜说："陈毅同志是一个好人，是一个好同志。"这里的"同志",绝不仅仅是一个单纯的称谓的问题,同时是一个政治定性的问题。

"文革"结束后,政治氛围改变,一大批冤假错案被平反,大部分被驱逐出"同志"行列的人可以重新被称"同志",但这个称谓却早已风光不再。1978 年 12 月,十一届三中全会的公报再次指出:"全会重申了毛泽东同志的一贯主张,党内一律互称同志,不要叫官衔。"

(4)异化

二十世纪七八十年代,"同志"成了同性恋者的代名词,最先在香港使用,后来传入台湾和内地。香港影评人林迈克在其《同志简史》一文中,介绍了"同志"指称同性恋的由来:

> 做研究的学者不嫌山长水远写信来问"同志"的起源,已经不是第一次……名词不是我发明的,是吃了老虎胆向共产党借的——改装原本只为贪玩,势想不到走上刘备的老路,有借没还。七十年代末住在旧金山,交往的朋友有好几位来自香港的女同性恋者,大家同声同气,玩得非常熟络。其中一位姓朱,也喜欢看电影,周末时常约了一齐作戏院座上客。不知道怎的,有一天我忽然嬉皮笑脸称她"朱同志"。……取"相同志向"的意思,"同"当然是"同性恋"的简写。

1989 年,香港人林奕华将自己筹划的首届同性恋电影节命名为"香港同志电影节",使"同志"的"同性恋"义发扬光大(据《南方周末》,2007 年 1 月 11 日)。

所以,从语言内部来看,"同志"能够成为"同性恋"的代名词,有两个层次,一是两个词首音节相同,使两者产生关联,因而"中选"的是"同志"而不是其他通称;二是取了"同志"的"志同道合"之义:同性恋者,性取向方面志同道合者也。相对于最初的党内专用称谓而言,这个义项的增加,给"同志"这一称谓带来的变化巨大。"同志电影""同志酒吧"等，所指皆是同性恋的含义。吉林长春有一条"同志街"，1946 年从原名"同治街"改为现名，"同志"变味后，这条街道受关注度大增。

现在，我们一般会将男、女同性恋者分别称为"男同"和"女同"，"同"既是"同性恋"的简称，也是"同志"的简称，合二为一。另外，关于女同性恋的代称出现后，"同志"多用来专称男同性恋了。

不管是《现代汉语词典》还是《称谓大词典》，都未将此义项收入"同志"词条。"同志"作为同性恋的代名词，尽管认知度已经很高，仍算是一个"民间"用法。

（5）现状

"同志"作为一个通称，现在虽然地位大不如前，不再是全社会范围内的首选通称，但在日常言语交际中，"同志"仍具有语用方面的多样性，产生不同的语用效果。除丁安仪（2005）所列的几种使用情形外，"同志"在关系亲密者或年轻人之间使用时，还可以有强调、"故作严肃"的语用效果。另外，有时特称某人为"同志"，有讥讽之意，这与毛泽东在文章中讥称某些人为"先生"是一样的用法。

"同志"在党内和一些正式场合仍被使用，也是语言的惯性使然。

互联网时期，"同志"在网络语言中还有一个谐音变体"筒子"。

［例6］ 传递民需 沟通关怀零距离"杨浦公租房申请采用'先到先得'，要申请的<u>筒子</u>们需抓紧啊。"

（党报头版要闻2012年2月19日）

（二）"先生""小姐""女士""太太"

1. "先生"

"先生"是古已有之的称谓，最初是"先出生"之义，"先生"即早于自己出生的人。有关"先生"研究的文章是通称个例研究的代表性成果。如俞理明（2003）、姜德军和道尔吉（2004）等，有些认识也已基本达成共识。

对于表述到位，本书也认可的前人学术观点，在此直接"借玉引砖"。

《现代汉语词典》（第7版）"先生"的义项有：①老师。②对知识分子和有一定身份的年轻的成年男子的尊称（有时也尊称有身份、有声望的女性）。③称别人的丈夫或对别人称自己的丈夫（都带人称代词做定语）：她～出差去了。④〈方〉医生。⑤旧时称管账的人：在商号当～。⑥〈方〉旧时称以说书、相面、算卦、看风水等为业的人：算命～。

由上可见，《现汉》所列6个义项里面，仍没有作为通用称呼的释义，只有义项②最为接近。

此外，《称谓大词典》中还列了几个义项：父兄；古代称致仕者；年长有学问的人；道士的敬称；男子之称；对某种人的讽讥之辞；旧称妓女。

这里面，唯"男子之称"的义项接近通称。

[例7] 作为遐迩闻名的圣人姐夫朱先生的妻子的大姐也是一身布衣，没有绫罗绸缎着身。

[例8] 冷先生看病，不管门楼高矮更不因人废诊，财东人用轿子抬他或用垫了毛毯的牛车拉他去，穷人拉一头毛驴接他他也去。

[例9] 嘉轩完全绝望了，冷先生开导他说："兄弟，请个阴阳先生来看看宅基和祖坟，看看哪儿出了毛病，让阴阳先生给禳治禳治……"

（陈忠实《白鹿原》）

此三例均出自小说《白鹿原》，原文段落时代背景是晚清和民国时期。分别指教师、医生、风水先生三种职业。

[例10] "先生，请等一等，您等我忙过这会儿去，毯子和枕头就一齐全到。"茶房说得很快，可依然是很和气。

（老舍《马裤先生》）

新中国成立前，"先生"作为通称广泛使用，用来指有身份、有地位、有知识的男性，是尊称意味很强的称呼，如毛泽东在给爱国民主人士的信中，多称对方为"先生"。新中国成立后，"先生"由于指称范围将下层劳动人民完全排斥在外，被打上阶级烙印而一度销声匿迹。改革开放以后，因为政治氛围的宽松以及与西方国家和港台地区接触的日益频繁，"先生"又在交际场合中恢复了它的"合法"地位，并且已经被赋予了新的内涵，成为一种新的通称，可以用来称呼任何职业、阶层、收入、籍贯的男性（羿翀，2007）。

总的说来，"先生"成为今天的通称，是由对教师、医生等社会地位较高的职业称谓的泛化，另外，在泛化的过程中，受到晚清民国时期西方文化影响，将 Mister/Mr. 先音译作"密司脱"，后译作"先生"，使得今天提起时，直观上总以为是西化而来，而常常忽略了在古汉语中"先生"的长久历史。

"先生"是典型的 V 形称谓。"姓名+先生"具有很强的尊称意味，如电视节目《最强大脑》里面，主持人介绍嘉宾时，称歌手周杰伦为周杰伦先生。

另外，关于是否应该尊称有身份、有声望的女性为"先生"，近两年来在网络上重新引起热议。其实，语言学家周有光先生在《"女士"不宜称"先生"》（2008）这篇小文中，理由已经给得很充分了：

一、混淆性别。不知底细的人，可能认为宋庆龄是男人。二、重男轻女。称先生是尊敬，称女士是不尊敬。这明明表示了重男轻女的下意识。想要尊敬，反而不尊敬了。三、用词混乱。建议：慎重使用词语，不再称女士为先生。

我们完全认可周有光先生的观点，并认为时至今日，任何女性都无理由无必要再被称为"先生"。如果说，冰心、林徽因、宋庆龄、杨绛等女士被称为"先生"，是因为始自民国时期这样的用法，是语言惯性使然，那么，现如今的女性，要多杰出，做出多大贡献，才可以被称为先生呢？这个衡量标准又是什么呢？这不就是把一个男性专属的通称当成了给予女性的"荣耀"和"赏赐"了吗？再者，这个问题，从社会语言学层面作为一个学术问题来讨论完全可以讨论清楚，我们也不认可一些媒体文章里所提出的认为反对称"女性"为"先生"就是意在挑起性别对立的观点。

2. "小姐"

"小姐"是这几个同位称谓里面唯一出现贬化的，也是争议最多的。

"小姐"作为妓女的婉称自古有之，如：

[例11]"这上海的妓女也叫小姐，虽比不到千金，也该叫百金。"

(吴沃尧《二十年目睹之怪现状》，1903)

改革开放以后获得尊称地位又迅速贬化，与社会和经济的发展有关，经济的繁荣才有了特殊行业的复兴。而"小姐"指称性工作者多数情况下为背称，只有一种情况例外：称呼者不想继续保持双方的面子（何兆熊，2001，樊小玲等，2004）。在 CCL 语料库中，所有用于面称的"小姐"，没有一例是指称性工作者，都是泛尊称。

近年来，"小姐"的社会认知度重新趋向于通称，如：

[例12] 在北京工作的赵小姐在过年期间换上了敦煌画院设计的口罩。像赵小姐这样的年轻粉丝不在少数。

(《人民日报》海外版，2022 年 2 月 28 日)

[例13] 卖我会穿的打底，做你会爱的姑娘。我是＊小姐。

(某网店广告语)

"小姐"一词现在的社会评价略有"收复失地"的趋势，同时也可能因为东莞等地的特殊服务行业工作者开始有新的称谓，叫作"（女）技师"。但一段时期内，由于语言惯性使然，"小姐"作为性工作者的特殊指称方式仍会存在。

3. "女士"

"女士"最常用在正式场合致辞开场白"女士们，先生们"中，有的研究提到"女士"不能用于面称，如马、常（1998）。

事实是，"女士"现在已可以用作面称，也是对"小姐"贬化后造成的缺位的补偿形式。从生活经验来看，我们常接到各种客服或推销电话，对方会称我们为"女士"或"姓+女士"。这是在年龄、婚姻信息等视为个人隐私的情形下，对话方采取的"保险、安全"的称呼方式。另外，商场或其他公共场所，推销人员一般也会用"女士"称呼推销对象。

[例14]我说："女士，你起码应该相信你自己的眼睛。我不是那位作家梁晓声，这已经是一个无可争议的事实。而且我对那位作家梁晓声也不感兴趣。"

（梁晓声《感觉日本》）

另外，与"女士"构词形式对称的"男士"，并不是一个通称，也从来不用做面称。

作为背称，"女士"和"男士"2012至2015年在网络上颇有存在感，原因是当时一系列以"××女士"和"××男士"命名的网络视频短剧热播，覆盖了大量受众。

如此看来，"女士"当前作为面称虽非普及，但它毕竟是与"先生"可以并称的称呼，并能够隐去年龄、婚姻状况等个人信息，我们认为这是一个可在正式场合或对陌生人推而广之使用的，较合适的通称候选，并且已有普及的趋势。

通常来说，"女士"包含［熟悉-］的隐性义素，是一个Ｖ形称谓。

也有例外，比如近几年里"女士"还有了一种新用法，就是有人会有意用"姓+女士"来指称关系非常亲密的人，如指称自己的女朋友，还有人会用这种方式来指称自己只有几岁大的女儿。这种语用法可以理解为，有意用带有［熟悉-］的隐性义素的称谓来指称关系亲密的对方，强调的是双方的平等和对被指称方的尊重。这也表示"女士"与"先生"一样，是一个尊称意味较强的称谓。

还有一种情况，对指称对象用"姓/全名+女士"或"这位女士"等，就类似刻意用"先生""同志"等称谓来达到讥讽、蔑视的语用效果，是一种尊称的"反用"。

4. "太太"

"太太"在《现代汉语词典》（2016）中有以下几个义项：①旧时称官吏的妻子。②旧时仆人等称女主人。③对已婚妇女的尊称（带丈夫的姓）：张~④称别人的妻子或对别人称自己的妻子（都带人称代词做定语）：我~跟他~原来是同学。⑤〈方〉称曾祖母或曾祖父。见例：

［例15］我是个主妇。当然，跑厨房，经管柴米油盐酱醋茶，应接宾客，都是我的本分。一会儿，"太太，油没有了。"一会儿，"太太，洗衣皂没有了。"一会儿，"太太，挑水的要钱。"一会儿，这个那个，给你脑袋儿叫个昏，两腿儿跑个酸……

（袁昌英《忙》，1945）

［例16］几个人对视一眼，曹掌柜首先开口道："太太，很快就是年关了……今年长毛军闹腾得厉害，南北商路基本断绝，大德兴丝茶庄往年能挣钱的那些商号……"

（电视剧《乔家大院》，2005）

［例17］给鲍小组打了一下，她便说："孙太太，你评评理。叫她'小宝贝'，还要挨打！睡得着就是福气。我知道你爱睡，所以从来不响……"

（钱锺书《围城》，1947）

［例18］施太太再无泪光，她望着我出神。缓缓地说："王太太，聪

明绝顶!"

(梁凤仪《风云变》,1989)

以上语料中,大陆文学作品都是现代文学,没有当代文学,或者作品背景是新中国成立之前。如《乔家大院》故事背景是晚清时期,《围城》是现代文学作品,而梁凤仪则是香港作家。

可见,新中国成立后在中国大陆地区,"太太"并未像"先生"和"小姐"那样,重新作为一个(对女性的)通称得以广泛使用,只是用来指称某人的妻子。我们对"太太"的印象,从时间感来看,依然停留在近现代时期,从空间感来看,则是台湾地区或粤方言区。思其原因,大概因为"太太"只能用于称呼已婚女性,这就限定了基本只能用于熟人之间,而取夫姓比如称"张太太、王太太"这种情形,已经在建国初期被"革"掉了,除了粤方言地区,较少使用这种称呼方式,而港台地区则还普遍保留。

[例19] 台湾艺人刘畊宏最近刷爆网络,在上海居家隔离的他和<u>太太</u>的燃脂健身操引起全民跟练。周杰伦的经典歌曲配上简单易上手的健身操,迅速引发全网模仿热潮。

(《环球时报》转载新加坡《联合早报》文章,2022年4月28日)

"太太"前还可加"老","老太太"是对年长(多为六七十岁以上)的女性的尊称,有时还可用于专称,专指在某个行业年长的、具有领导地位的女性。一个有趣的现象是,传统认知中认为五十岁以上即为老年人,但现在随着生活水平的提高,女性个人对自身形象的重视,很多五十多岁甚至超过六十岁的女性看上去还很年轻,不会将她们与"老太太"联系在一起。

网络语境中,"太太"有了一种全新的用法,被用来指称网文作者或者画手,是一种敬称+昵称。如"发现一位宝藏作者太太"这种表达。在"太太"这个用法出现之前,多用"大大"来指称作者,并产生了"作者

145

名+大"或"作者 ID 简称+大"这样的称谓形式，如"P 大、淮大①"等，也是一种敬称。

5. 小结

在 CCL 语料库中，据不完全统计，这几个称谓用作面称的语料数量见下表：

表 5.1　CCL 语料库（1919—2009 年）"先生"等面称语料数量对比

称谓形式	数量
先生	1807
小姐	576
太太	328
女士	40

此数据不包括加前缀"老/小"及姓，可以较直观地看到这几个称谓在过去时期作为面称时的使用度。

（三）"师傅""老板"

1. "师傅"

"师傅"在《现代汉语词典》（2016）中的两个义项为：①工、商、戏剧等行业中传授技艺的人。②对有技艺的人的尊称：老~｜厨~｜木匠~。在《称谓大词典》中，"师傅"义项④是：对各种工匠的通称（其他略）。前者的第 2 个义项和后者的第 4 个义项，都表明是对工匠或有技艺的人的称呼。另外，"师傅"在过去有时同"师父"。见下几例：

［例 20］"师傅，你和师妹一同走罢！师妹在这里，师母是不放心的！她总说他们要来抢——"

（茅盾《林家铺子》）

---

① "p 大"指网络作家 priest，"淮大"指网络作家淮上。

[例21] 他的话引起了众怒。多亏看泵的女工解了他的围："**师傅**，油装满了。"

（蒋子龙《赤橙黄绿青蓝紫》）

[例22] 王姑娘回脸同别的姑娘一样伸着脖仰着脸盯着一排挂着的五颜六色的裙子看，伸手指着其中一件对忙来忙去的售货员嚷："**师傅**，给我们拿那件桃红的。"

（王朔《千万别把我当人》）

[例23] 前一阵大北窑那儿修路，车堵得厉害，车一停能停半拉钟头。常有忍耐不住的乘客跑过来求他："**师傅**，开门让我们下吧!"不在站上不能开门，这是制度。他本可以置之不理。

（刘心武《公关汽车咏叹调》）

[例24] 安徽省舒城县车站前。刚从宁波打工归来的潘中强，心急火燎地拦住一辆出租车："**师傅**，能不能帮我追一趟车?"

（《人民日报》1995 年 2 月）

"师傅"前可以加姓或职业，如"刘师傅、司机师傅"等。例：

[例25] "**刘师傅**，请你起翻斗，把白灰卸掉。"

（蒋子龙《赤橙黄绿青蓝紫》）

很多研究者（李明洁等）都提到，"师傅"成为全民性的通称是在"文革"时期。由于不能再随随便便称别人为"同志"，"先生"更是"臭老九"，知识分子遭受迫害，体力劳动者的代表——工人的地位迅速上升，工人内部常用的尊称"师傅"，也随之升格和泛化，具有了全民性。在人人自危的情形下，"师傅"在此时代表政治正确、身份"保险"，使用"师傅"，不容易因言获罪。

改革开放以后，"老板"北上，"先生"回归，"师傅"的通称范围回缩，不再是一个全民使用的称谓。

147

"师傅"现在也并没用被弃之不用，甚至比"同志"的通用度还要广一些，多用于称呼男性体力劳动者，特别是其中的年长者，如对出租车司机、厨师、环卫工人等，不管是用于面称还是背称，都是一种尊称。

[例26] 这边，全车消杀后卸下挂车，司机杜师傅开着车头驶离；那边，车师傅开着"皖G****"车头驶来，消杀后"咔"一声接驳上挂车，把物资运往上海青浦。

（党报头版要闻，2022年5月25日）

2. "老板"

"老板"是与经济地位密切相关的一个称谓，指"私营工商业的产业所有者；掌柜的"，还指"旧时对著名戏曲演员或组织戏班的戏曲演员的尊称"（《现代汉语词典》，2016）。改革开放以前，"老板"是绝不可能作为通称使用的。

新中国成立前，"老板"的指称对象就是这两种，一是对雇主的尊称，二是对戏曲演员的尊称，如京剧大师梅兰芳，被称为"梅老板"。用于面称，要少于"掌柜的"。新中国成立后，社会主义改造时期，取消私有制，"老板"与"地主"等一起消失。

[例27] （孟小樵）"甭吓我！你，珍珠，得玩完；你，方老板，得玩完；你，王先生，得玩完；共产党一到，你们都玩完！"

（老舍《方珍珠》）

改革开放以后，经济发达地区，如粤港澳地区、东南沿海地区等，对顾客多称"老板"，已是泛称。后来，"老板"逐渐北上及进入经济欠发达地区。还有一种情况就是，私有经济允许出现，民营企业家、个体户、专业户等新的社会阶层，还缺乏相对应的称谓，"同志""师傅"都不合适，"老板"带着本义适时回归。

[例28] 赵轶急忙牵着不留姓名的怪客的衣角，亲切而神乎乎地将他

领到一棵柳树下，凑近对方的耳朵说："老板，您这不是让我们为难吗？这地方不说人多眼杂，不能做这种买卖，就是做了，万一被公安发现，我们连跑都来不及。"

（苏殿远、张运通《107 个陪葬武士俑——汉高祖刘邦墓群被盗特大侦破记》，1997）

［例 29］一冷饮摊前，一位着装入时的小姐要了一支包装华丽的冰淇淋，她拿在手上迟疑地翻过来转过去地看着："老板，你这'卡通'牌子怎么不是西安食品厂出的？"

（《1994 年报刊精选》）

现在，在一些服务行业或消费场所，顾客仍被称为"老板"，说明社会对有经济地位的人的认可，在不知对方职业身份、或不方便被告知对方身份的情况下，"老板"是一个既有敬意又"保险"的称谓，与"先生""老师"等比起来，更加适用。

［例 30］（洗脚妹）"老板不好意思，快点试一下水温看要不要得……"

（《＊＊男士》第 2 季第 5 集，2013 年 7 月）

"老板"还有大小之分，"大老板""小老板"都是从本义来说的，这个"大小"暗指产业规模和财富多少，也可以泛指。

［例 31］明月心笑道："在道观里观主就是大老板，在妓院里老鸨儿就是大老板，'大老板'这名称本就是各种人都可以用的。"

（古龙《天涯·明月·刀》）

另外，"老板"还出现在"官场"和学术界，是一种非正式称呼。"官场"上，对上级领导会私下称"老板"，甚至在非正式公开场合，为体现与领导关系的亲近，也会当面称"老板"。校园中，学生会称班主任为"老板"，是音义双关（"板"谐音"班"），理工科的研究生导师被称

"老板"更是广泛现象。有时，大学校长会被学校中层称为"老板"，院、系、所负责人会被本单位教职工称为"老板"。或者说，对有政治地位或学术地位的人称"老板"，是一种避免敏感性、又表达亲切的婉称。再者，英文中的 boss 汉语译为"老板"，于是，语用场景中可用 boss 的，大家也都用"老板"了。以上这些，体现出了国人的语言智慧。

3. 小结

"师傅"和"老板"，一个代表技能方面的上位者，一个代表经济方面的上位者，在使用上都经历了"专称——泛化——回缩"的过程。

从地域上看，"师傅"多用于北方，"老板"多用于南方，特别是粤方言地区，虽然也分别有"南下"和"北上"，还是有使用度的差别。①

（四）"老师"的泛化

1. 作为职业称谓的泛化

"老师"的泛化问题二十世纪八十年代即有人提出并做了社会调查，如黄南松（1988），发现那时就出现了文艺界、新闻界、广播电视界称"老师"的现象，以文艺界最为突出。而后至九十年代，李明洁（1996、1997）又发现，更大意义上的文化人也开始用"老师"相称，如文化经济人、摄影家、画家等。有不少人认为，"老师"用来称主持人，演员等，之所以如此流行，大抵因为杨澜这个"始作俑者"，在电视上一口一个"赵忠祥老师"（吴迪，2012）。

"老师"最初的泛化只是由专职教师泛化至所有从事与教育、科研事业有关的人，如从事科研工作的研究人员和学校从事行政工作的人员等。后来就是文艺界、广播电视界的泛化，原因是这些职业普遍缺乏相对应的面称形式，而这些从业者的社会地位又比较高。"演员"至今不是一个面

---

① 分析详见第六章。

称，"主持人"能作为面称使用的语境也很少，也没有"姓/名+主持人"称谓形式，一般限于听众或观众与主持人交流时，常要加"你好"，如

[例32] 今天又是这么好的天气，阳光让人产生美好的愿望：为那些你所喜欢的人送一份祝福，像广播里的观众那样（"你好，主持人，我要送一份祝福给我姐和姐夫，祝他们……"）。

（皮皮《比如女人》）

"导演"已可作面称，并有"姓+导演"的称谓形式，常简称为"×导"，如"张导、陈导、陆导"等。

拿演员或歌手称"老师"来说，一开始可能只用于称呼在行业内地位较高、年纪较长者，如称"唐国强老师""赵忠祥老师"等。如今我们看到，"老师"在文艺界不仅仅用于称呼前辈或年纪较长者，一些刚出道的或年轻的从业者，也被称为"老师"了。如李宇春2005年以"超女"冠军身份出道，为大众所知，在2006年时就被人以"老师"相称，还引发争议并有评论文章（《北京青年报》，2006年4月5日）。总之，"老师"在演艺界已经完全泛化，成为行业内的第一通称。影视制作行业、新闻行业内也是如此。

另外，在一些服务行业，如美容美发业，也已将"老师"作为行业内的通称。可以理解为这是对有技能者从称"师傅"到称"老师"的转移。

2. 作为通称的泛化

山东济南地区普遍称"老师"，并不限于某些行业，而是全社会通用。马、常（1998）和崔希亮（1996）都曾简单提及。

时至今日，"老师"仍是济南地区有特色的社会通用称谓，在我们的两次问卷调查中都得以证实。另外，在邻近济南的淄博市，也出现泛称"老师"的现象，如出租车司机和乘客之间、店员和顾客之间都互称"老师"，甚至于民警对普通市民也称"老师"。有一则笑话这样说道：

一位外地人初到此地，在车站打车时，司机师傅问道："老师儿，您要去哪儿？"乘客暗暗心惊：这个师傅厉害了，他怎么看出我的工作是老师的？

"老师"在济南、淄博两地的独一无二的通称地位，似乎与山东方言关系不大，而是与一个地区的集体心理有关。在社会发展过程中，需要选择一种尊称方式来进行言语交际，而"老板"已经达不到心理认可层面的V形式，"老师"由受尊敬的职业称谓泛化而来，体现了说话者互相选择V形式以示尊敬的心理机制。至于为何"老师"作为通称主要在济南及周边地区出现，而不是整个华北和华东地区，甚至也不是整个山东省，则是一个值得探究的语言现象。本书拙见，认为这与齐鲁是孔孟之乡，自古尊师重道不无关系。济南是一个历史文化名城，又是鲁之首府（今为省会），自古文人名士多，道德修养和文化沉淀是齐鲁之地的代表。进入改革开放时期，在"同志"衰微，"师傅"升格，"老板"遍地开花的情形下，与山东沿海地区相比，济南的经济发展并不十分迅速，济南人的慢生活和慢节奏也不追求经济效益第一，体现经济地位的"老板"便未普及。这些造就了"老师"广泛使用。淄博与济南相邻，近一二十年来与济南经济文化交流密切，人口流动频繁，便将"老师"的用法带入本地。而在更早些时期，"师傅"和"老板"甚至零称谓都要比"老师"在淄博当地普及。①另一方面，与文艺界通称"老师"恰恰相反，淄博和济南地区的"老师"，反而较多存在于非知识分子阶层，为普通劳动者广泛使用。如公交司机、出租车司机对乘客多称"老师"。

在网络语境中，"老师"还有一种新用法，就是在某社交平台上如果一条评论因其观点输出或表达得到广泛认同，该评论的层主会被称为"ID

---

① 淄博和济南地区的称谓使用分析基于问卷调查结果和本书作者在两地的多年直观生活经验。

（简称）+老师" 以示认可。如"豆老师书店里没有您的书我不买"。"老师"的这种用法既是对有才者的肯定，也是一种风趣的表达。在网络语境中，"老师"的泛化程度越来越高，隐隐有人人皆可称"老师"的趋势。

3. 小结

不管是作为职业称谓面称形式的泛化，还是个别地区作为社会通称的泛化，"老师"作为一个典型的 V 称取得这样的"地位"也完全在情理之中。称对方为"老师"，就把自己摆在了学生的位置，是"敬人抑己"传统观念作用于现代社会的一种称谓变体，既是通称，也是敬称。

（五）拟亲属称谓

1. 概说

在第二章"社会称谓分类"中，我们提到，拟亲属称谓指用亲属称谓语来称呼或指称非亲属。因拟亲属称谓反映的实质是非亲属关系，应属于社会称谓系统而非亲属称谓系统。拟亲属称谓用于面称时，与零称谓一样，起到与通称相似的称呼作用，于是也有研究者干脆将拟亲属称谓放入通称一列（马、常，1996）。很多研究拟亲属称谓的文章也称之为亲属称谓的泛化。

拟亲属称谓用于面称，能够标记说话人和听话人的长幼尊卑，以 V 形式居多。另外，一般认为，拟亲属称谓也是由于汉语称谓缺位问题的存在，出现的替位形式。

我们在本节中讨论几个拟亲属称谓的个例。

2. "哥""姐""爷"的泛化

"哥""姐"泛化的类型有以下几种：

（1）直接称"哥/姐"。

这种是近年来最常见和常用的一种形式。同事、同学之间都很常用。

（2）前面加"大/老""姓/名"等，作为面称。

如"大哥/姐、老哥/姐、张哥/姐、佳明哥、石榴姐"等。例：

［例33］许布袋他爹说："老哥，谁想吸烟？我也不想吸！可要叫我不吸烟，除非你把我打死！"

（刘震云《故乡天下黄花》）

（3）做类词缀，构成身份类称谓"~哥/姐"。

~可以是名词、动词、形容词、数量词等，如"的哥/姐""空姐""世姐""港姐"等，这类称谓基本出现在改革开放二十年时期。"~姐"要多于"~哥"，因为"~姐"多为"~~小姐"的简称，如"空中小姐、世界小姐、香港小姐"等。这一类只做背称。例：

［例34］"不是每一个公子都那样，否则不会有那么多明星、港姐嫁入豪门。"

（岑凯伦《还你前生缘》）

"一哥、一姐"从构词法来说跟"~哥/姐"并不同，出现的时间也要晚一些，大约出现在二十一世纪初。

［例35］坦言去奥运会就想拿冠军，但和外人所料不同的是，她并没把个人色彩更浓的单打金牌看得分量更重，这位"乒坛一姐"对奥运会的预期是："先把双打打好。"

《新华社2004年新闻稿》

（4）做类词缀，构成专称。

如"犀利哥""淡定姐""hold住姐""凤姐""小马哥""laughing哥"等，是互联网时期才出现的新型称谓，多数都是网络红人的特称，也有的是公众人物，例如：

［例36］因为一张照片，而红遍网络的"犀利哥"程国荣，昨日（8日）来京，开心体验"配送"工作并希望可以借此实现自我价值，自食其

力恢复人际交往能力。

（腾讯新闻 2010 年 6 月 9 日）

　　这一类中还有性别错位的专称，如"迅哥""春哥"等实际指称的对象都是女性（分别指演员周迅和歌手李宇春），"著姐"指称的则是"快乐男生"（2010 年）选手刘著。

　　（5）作为自称。

　　第二章我们讨论自称时提到，"哥/姐"用于自称，最早是亲属称谓中的"你哥我""你姐我"的缩略形式。后来，"哥"用于自称的语用方式流行开来，缘于 2009 年一句网络流行语"不要迷恋哥，哥只是个传说"，以及后来的"哥抽的不是烟，是寂寞"。"姐"用于自称则是仿用。

　　[例 37] 对不起，那些原本期待扑倒在我怀里的妹纸们，<u>哥</u>不争气，<u>哥</u>让你们失望了，<u>哥</u>辜负了你们对纯爷们的期待！那就祝<u>哥</u>早日嫁出去吧……

（微博 ID：@王珞丹）

　　上例中，"哥"不仅用于自称，还是女性用于自称。

　　可见，在互联网时期，"哥"的表性别义素由［男性+］变为［男性±］，"姐"的由［女生+］变为［女性±］。这里面有社会认知和大众心理机制等各种因素的影响。李宇春被称作"春哥"，是因为初出道时外形的中性化；而周迅被称"迅哥"，是因为其个性因素。至于被称为"哥"而不是"爷"，应该还因为鲁迅文学作品中有一个"迅哥儿"，周迅也就被这么叫开了。

　　另外，"弟/妹"多与"哥/姐"的情形相似，多为仿用，不再讨论。"弟/妹"较少用于自称，也不如"哥/姐"作为类词缀的构词能力强。多用于专称，如"奶茶妹"，或"奶茶 MM"。

155

（6）"姐+妹"构成"姐妹（们）"。

"姐妹（们）"是时下网络社交平台上用得最多的，还有异形变体jm/jms（拼音缩写）和谐音变体"集美（们）"，一般为女生之间使用。与之对应的，男生则多用"兄弟（们）"或"bro①"。于是，现如今在网络平台上，网友们通过这两个称谓的使用，实现了"兄弟姐妹是一家"。

"爷"在旧时用于尊称有权势有地位的男性，如"老爷""少爷""太爷""小爷""二爷"等，清宫剧中，还可见用于指称皇室后代，如雍正帝登基之前被称"四爷"。

［例38］管事见九爷高兴，便讨好说："爷，您叫奴才预备的一百只羊奴才可预备好了。赁的对过羊肉床子的，一天三两银子。多咱派用场您吩咐奴才！"

（邓友梅《烟壶》）

新中国成立后，这些代表旧势力的称谓全部消失。"爷"只用于亲属称谓。

北京方言仍保留了使用"爷"的痕迹，到了二十世纪八九十年代，出现了"倒爷""侃爷""板爷"等。

［例39］"噢，将军，听说供应给我们的'骆驼'香烟都在安特卫普让后方那些坏蛋批发给比利时倒爷了。"

（王朔《你不是一个俗人》）

［例40］暴发户有钱的富翁是款爷。二道贩子是倒爷。和尚道士是陀爷。蹬平板三轮车的是板爷。像我这样耍嘴皮子的是侃爷。光膀子上大街的是膀爷。就连背插小旗的泥塑玩具还是兔儿爷呢，北京人不得了，北京人宽厚。

（赵大年《京味儿漫谈》，《百家讲坛》2004年6月18日）

---

① bro 是英语 brother 的简写形式，就是"兄弟"的意思。

受历史剧的影响，"爷"重新成为一个较活跃的称呼，熟人之间称三四十岁的男性朋友，如果指称对象形象、性格等符合大家对"爷"传统意义的认知，就会用"爷"称之，可加在姓后，也可加在名后，如"李爷"等。这时的"爷"，基本也是说者乐用之，听者乐受之的称呼。它的 V 形语义在向 T 形语义靠拢。

近十几年内，就像"哥"一样，"爷"还出现了一个新的语用现象——指称女性。这时，其表性别的义素由［男性+］变为了［男性±］。网络上出现"女性爷时代"的词条，是这样解释的——关于女性领导力的讨论正在受到越来越多的关注，一些在各自领域成功的女性被称为"哥"，甚至被称为"爷"，这种称呼更多被认为是力量的体现，这个力量就包括领导力。[1] 如"诗爷""戚爷"分别是演员刘诗诗和戚薇的专称，都是对这些女演员性格豪爽、独立自强的一种认可。

［例41］说到"诗爷"这个称呼，导演徐正超有他自己的理解。"作为一个一线的女演员，刘诗诗身上的拼劲和吃苦的能力绝对胜似'爷们'。"

（《现代快报》2012 年 9 月 13 日）

"爷"用于称女性取的是隐性义素，即"爷"给人的豪爽、强悍的性格特征，其实就是"很爷们""够爷们"的意义。2013 年之后，用"爷"来指称女性的方式逐渐被另一个称谓语"女汉子"替代。

如果说"哥""爷"用于指称女性在十年前被认为是一种肯定，反映出那时大众潜意识里依然普遍有诸如"强大""力量"等特质是男性专属的刻板印象，那么现如今，网络上对男艺人称"姐/妹"的用法也很普遍，甚至出现了"男妈妈"这样的被认为是［褒义+］的称谓。这些语言现象，折射出近十年来大众女性意识的增强和为打破性别刻板印象做出的言

---

① 表述参考互联网资料。

语调整。

另外，"爷"还与"哥/姐"一样，也可用于自称，是与"老子"用于自称类似的倨称。

[例42] 胃疼，干得好！爷不服，你再疼一个试试！？

（来自微博）

3. "阿姨"的泛化

"阿姨"的非亲属义指对与自己的母亲年龄相仿的女性的称呼。

"阿姨"可单独用于称呼，也可以是"姓/名+阿姨"，还可以是"老/小+阿姨"，如习总书记称全国道德模范龚全珍老人为"老阿姨"，2014年春节联欢晚会上，还有同名歌曲演出。

"阿姨"成为某些行业从业者的专用称呼，如"保育员阿姨、保洁阿姨、保姆阿姨"等，最典型的是校园内的宿舍管理员，女性宿舍管理员无论年龄大小，一概被称为"阿姨"，有时甚至使用称呼的人年龄还要上一些。比如高校内博士研究生的宿舍，不少博士生年龄在30岁以上，而宿舍管理员也不乏30岁左右的女性，仍被称为"阿姨"。"阿姨"此时已弱化了年龄的义素，成为一个符号。也就是说，这个时候的"阿姨"，只保留了［女性+］的义素，又自动添加了［宿管员+］的义素。反过来说，如果考虑到年龄因素，对年轻一些的不称"阿姨"，则马上陷入无称可呼的尴尬局面。

女性宿管员还有一个称谓是"楼妈"，也是拟亲属称谓的变体，比"阿姨"更添亲切之感。

同时，男性做宿管员工作的虽然不多，我们仍不知称他们什么好。"大叔"？"大爷"？"大哥"？"叔叔"？"老师"？"师傅"？似乎都可以，又似乎都不是特别合适。这是一个男性相应称谓缺位的例子。

4. "大叔"的泛化

"大叔"本指在年龄上与"大妈"相对应的年长男性。在大众过去的一般认知中,"大叔"的年龄应该是跟小品《昨天 今天 明天》中赵本山饰演的黑土相仿的。

[例43] 刘景桂搬过一把椅子,扶富贵老头坐下,问道:"<u>大叔</u>,您跟谁拌嘴了吧?"

(刘绍棠《运河的桨声》)

大约在2010年以后,网络语境中,年过三十的男性就有可能被称为"大叔"了。看一则早年的网络新闻:

[例44] 24岁"<u>大叔</u>"恋上12岁小萝莉引发网友热议,部分网友认为年仅12岁的AKAMA MIKI并未成年,二人如此高调地晒幸福脱不了炒作嫌疑。

(《12岁萝莉热恋80后<u>大叔</u> 直言到16岁就嫁》,腾讯新闻2012年9月7日)

再如,很多当时年龄在三四十岁的男演员,被称之为"大叔"。

[例45] 提起娱乐圈中的"<u>大叔</u>",以前似乎只有＊＊孤独一枝。在最近收获好口碑的热播剧如《一仆二主》《我爱男闺蜜》《宫锁连城》中,男主既不是青春偶像,也不是传统意义上的老戏骨,而是人到中年的张嘉译、黄磊、陆毅……人们恍然发现,种类繁多的"中国式<u>大叔</u>"正在电视上缤纷绽放。

(《中国"大叔"炼成记》,《齐鲁晚报》2014年4月20日)

这与当时"90后"甚至"00后"群体的壮大,在网络中不断发声不无关系。

"大叔"在指称对象的年龄层面出现了泛化。如此一来,"大叔"与"大妈"已不再对称。

这也是一个有趣的称谓现象。对于女性,即使年逾五十,如果保养得当，我们仍愿意称之为"姐"，连"阿姨"都不用，一部分原因也是受到港台文化的影响。比如香港女演员赵雅芝，二十世纪五十年代生人，年龄已近七十岁，绝对够得上称"奶奶"的年龄了，但其看上去十分年轻的形象和气质，使得大家乐于称之为"芝姐"。

再如近两年一档颇有影响力的综艺节目《乘风破浪的姐姐》，从第一季到近期开播的第三季，不乏一些 60 后、70 后"姐姐"参与，如那英、宁静、伊能静、钟丽缇、张蔷、许茹芸等，都是社会认知中可以被称"阿姨""大妈"的年龄，但在节目中及线上延伸至线下的讨论中，大龄女性被称"姐姐"的接受度已越来越高。

我们发现，有两个外部原因促成了"大叔"在十年前的这种泛化，使得此"大叔"非彼日之"大叔"。一是受韩剧的影响。韩国女生称呼男性有两种方式，一种是"欧巴"（오빠），意为哥哥，一种是"阿加西"（아저씨），意为叔叔或大叔。前一种是较亲密的称呼，后一种是较疏远的称呼，并不以年龄来分。正如韩语里面把大学教师都称为"教授"一样，也与汉语不同。二是受日本动漫文化的影响。十几年前从日本借入"正太（ショタ）"一词，原是一个漫画主人公的名字，形象是个十几岁、可爱的小男生，传入中国后，用来指年轻男性，慢慢地，对男性指称对象从年龄上只分为了两类，非"正太"即"大叔"。如此一来，"大叔"的年龄段则由四五十岁向下延至三十岁左右，"正太"的年龄范围也越来越小。曾经常见女孩子在网上发帖求助，问男朋友是应该找"正太"还是找"大叔"。

所以，"大叔"在当时的泛化是受外来文化冲击使然。而大批"90后"和"00 后"又强化了这种称谓方式。毕竟，这是一种新新人类的称呼方式，并且多用于网络，体现的是一种亚文化。这解决了研究者当时一直困扰的一个问题："大叔"在当时称起来，音调与之前并无任何不同，可就是感觉已有不同，"土"气退却，"洋"味袭来。"土"和"洋"的转变，其实是指称对象的变化，过去的"大叔"会与"黑土"这样的形象相联系，而在十年前提起"大叔"，形象关联的则是一群年龄并不太大的当红男演员。这样看来，不只是"土豪"，"大叔"也有它的"前世"和"今生"。

5. "中国大妈"

"大妈"原指尊称年长的妇女（一般指年纪大于母亲的），加上限定语"中国"二字，变成了一个群体的专称。

"中国大妈"是网络上引用美国媒体调侃国内中年女性大量收购黄金引起世界金价变动而来的一个新兴名词，《华尔街日报》甚至直接借用拼音"Dama"作为一个新词来指称"中国大妈"。"中国大妈"有钱有闲，不仅抢购黄金，还在韩国购地产，在美国跳广场舞，甚至炒"比特币"。2013年，"中国大妈"成为年度十大热词之一。以下是2013年有关报道中转载最多的描述，原出处已较难考证：

> 华尔街大鳄在美联储的授意下举起了做空黄金的屠刀，经过一年的酝酿造势，华尔街大鳄们终于出手做空黄金了，黄金大跌，世界哗然，不料半路杀出一群"中国大妈"，1000亿人民币，300吨黄金瞬间被扫，整个华尔街为之震动，华尔街卖出多少黄金，大妈们照单全收。做空大战中，世界五百强之一的高盛集团率先举手投降。一场"金融大鳄"与"中国大妈"之间的黄金阻击战，"中国大妈"完胜。

"中国大妈"是一个活跃在2013年各种新闻中的专称，也曾出现各种解读，甚至有人称这是一种文化输出，但在日常言语交际中，提及并不多。好景不长，"中国大妈"抢购黄金整一年后，"大妈"们纷纷被套，2014年公众视野再见到"大妈"，是这样的消息：

［例46］2013年黄金价格的变化让人惊讶，金价一路跳水，全年下跌

28%，创 1981 年来最大年度跌幅，为长达 12 年的牛市画上句号。而在这句号的背后，中国大妈一跃成名，仅在 2013 年 4 月份爆发的抢金潮就促使中国消费了 706.36 吨黄金，其中金条消费增长了 86.5%。

《金价下跌 2/3 金矿停工中国大妈学费已交》（央视财经 2014 年 4 月 23 日）

可见，如果没有在这群"大妈"身上发生新的吸睛事件，"中国大妈"就会与 2013 年或者与黄金紧紧绑定在一起，成为一个年份和事件标签。再或者，就只剩与"跳广场舞"相关联了。所以，它虽在 2013 年大热，并不代表具有长久的生命力，很快就成了一个历史称谓。

单看"大妈"，并不如"阿姨"的使用度高。

6. 家人（们）

如果说近两年来网络社交平台上存在感最强的泛通称是什么，除了"姐妹（们）"（及其各种变体），就是"家人（们）"了。一开始，同一个粉丝群体间的个体会用"家人（们）"互称，这些人因对同一个对象的喜爱，结为情感共同体，自认为像"一家人"。同一个网络平台的用户互称"家人（们）"也是源于类似的心理机制。后来，随着直播行业的火热，各大网络直播平台的主播们对进入直播间的观众和粉丝称"家人（们）"，以拉近彼此的距离感，增加亲切感，"家人（们）"在网络上的势头只增不减。然而，一些（传销）组织的群体内部成员间也都用"家人（们）"互称。"家人（们）"也有变体形式 jr（s）（拼音缩写+英语复数标记 s）。

7. 小结

拟亲属称谓看似单一，历时变化却丰富多彩，既有"哥""姐"用于自称，也有"爷"的性别错位，还有"大叔"的洋化，又有"阿姨"的职业化，更有"中国大妈"在世界范围内的发力。一声"姐妹"走天下，一声

"家人（们）"天下"一家亲"。汉语社会称谓的多样性和多元化可见一斑。

我们发现，拟亲属称谓用作面称时，既具有 V 形式的尊称意味，又具有 T 形式的亲切意味，是一种"V+T"或"半 V 半 T"形式的称谓。这是拟亲属称谓的特点之一。

（六）其他通称

1. "伙计"

"伙计"作为一个职业、身份类称谓时，是指旧时店员、长工或其他雇佣者，如"裁缝店里的小伙计"，另有合伙人的义项。作为通用面称，是一个具有方言色彩的称呼，《称谓大词典》称之为"北方地区男子之间相互亲昵之称"，并举了老舍《骆驼祥子》里的用例："这么着吧，伙计，我给你三十五块钱吧。"

"伙计"由一个方言称呼变为全国皆知，源于 1991 年春晚上魏积安表演的小品《乡音》。

［例47］天天一听到从窗外走廊上传来的那些住客们喊伙计的声音，便头痛，那声音真是又粗，又大，又嘎，又单调；"伙计，开壶!"或是"脸水，伙计!"

（丁玲《莎菲女士的日记》）

［例48］刘文彬攥住魏强的手："伙计，总算把这一天打出来了!"

（冯志《敌后武工队》）

［例47］是"伙计"的本义，［例48］即为做通称的用例。

"伙计"是一个 T 形称呼，可用于熟人之间，也可用于陌生人，因其［亲切感+］和［尊重感−］，以熟人间使用为多。还可以在"伙计"前加"老/小"，称"老伙计"或"小伙计"。如：

［例49］何大拿一见到解文华，就大笑了一声："哈哈！老伙计，你来啦！真是想不到的事。"

（刘流《烈火金刚》）

"伙计"现如今仍在山东、陕西等地作为一个通称使用，在互联网上也能看到使用"伙计"来指称同伴、朋友等。正因为"伙计"从来没有在全国范围内通行，也就没有经历"同志""师傅"等称谓那样的大起大落。如果说"同志"的历时变化是一条抛物线，"伙计"则更接近于一条直线。因其传达的较强的亲切感，即使不会大范围重新流行，也不会迅速沉寂，仍有作为通称使用的"一席之地"。

2. "美女"

"美女"古已有之，指貌美的女子。有"中国四大美女"这样的典故，也有《美女与野兽》这样的外国童话，指称对象都是名副其实貌美的女性。"美女"成为对女性的通称则是进入二十一世纪之后的事。

"美女"沾一个"美"字，称呼者乐用之，被称者乐受之。在服务场所如餐厅、商场等，服务员或售货员与女性顾客打招呼时，多使用"美女"。只要对象是女性皆可用之，而不必在意是不是真正貌美。

"美女"作为通称时，其本义已弱化或虚化，起标记词义作用的语素是"女"，起限定作用的语素"美"则弱化为一个构词音节。

"美女"缘何能够成为一个面称？据邵敬敏（2009）分析和推测，是因为"小姐"的贬化，出现对年轻女性称呼的缺位，而粤方言有"靓女"这样的称呼，"美女"的面称是仿用"靓女"应运而生的。

对于因"小姐"的贬化而产生的缺位，"美女"是一个补位形式，我们认可这样的分析。至于是不是仿"靓女"而生还有待进一步考证。对于"美女"成为面称并趋于大众化，据本书作者直观的生活经验来看，大概始于二十一世纪的头两三年。

这期间，"美女"并不是从出现伊始就被所有人接受，而是存在争议，起起伏伏，如2005年有新闻称"服务员称五十多岁女顾客为'美女'遭责备"（《重庆时报》2005年10月7日），甚至有地方性官方文件明文规定禁止称呼"美女"(《广州日报》2008年4月29日)①。

2010年以后,"美女"成为一个较被普遍使用的通称,不仅用于陌生人,也用于熟人之间,是一个T形称谓,如年轻女同事之间会互称"美女",男同事也有可能称女同事"美女",并无不尊重之意。

不管怎样,对于相貌水平中等偏下者或年龄较长者,称其"美女",被称者本人也不舒服,觉得含有讽刺意味或不够尊重。另外,与"美女"对称的"帅哥"时下也较少使用,这些难题被之后出现的新称谓"亲"解决。

"美女"还有一种用法,即作同位修饰语构成"美女××"短语,如"美女作家、美女检察官、美女妈妈"等,邵敬敏(2009)在同一文章中已做较充分讨论,在此不再赘述。

3. "帅哥"

其实,"美女"在作为面称之前,与其对称出现的男性称谓是"俊男",常见"俊男美女"组合,如

[例50] 那些演员都是脸谱化的。好人衣着整洁,<u>俊男美女</u>,涂着一整张红脸蛋,动作也是刚劲为主,间或辅以优美的舒展。坏人一张青脸,怪模怪样,跳起来也是哆哆嗦嗦。

(王朔《看上去很美》)

[例51] 美国《人物》杂志将格里森姆列入世界五十名<u>俊男美女</u>行列,他是小说家中唯一被该杂志相中的人。

(秋实《从小律师到大作家》)

但是"俊男"自始至终都没有泛化为一个面称,这应该与其本身的书面语色彩有关,不便于口头称呼使用。

由此,在词形上看起来不相称,但词义上对称的"帅哥",曾一时与

---

① 邵敬敏."美女"面称的争议及其社会语言学调查[J].语言文字应用,2009(04):71-79.

"美女"一样，泛化为面称，甚至出现的时间更早。如

[例52] 在台的几天里，走到哪里，都有人抢着与他合影，"<u>帅哥，帅哥</u>"叫得很亲热。

（《人民日报》1993年10月）

也许现实中真正的"帅哥"不如"美女"多，对一个貌丑者称"帅哥"，称者难出其口，听者更觉得有变相詈称之意，且如今看来这个词颇带土气，"帅哥"并没有像"美女"那样，成为一个广泛使用开来的通称，而是已经"过气"。从缺位现象来看，对男性称呼的缺位问题并不如对女性的严重，正式场合可以用"先生"，严肃场合可以用"同志"，对年长者可以称"大叔、大爷"，对同龄者可以称"哥/兄弟"，对体力劳动者可以称"师傅"。这样看来，"帅哥"也就无用武之地了。

4. "亲（们）"

（1）源起和普及

"亲"由"淘宝体"而流行，来源有两种说法，一种是音译说，认为"亲"来源于韩语"朋友（qin gu）"的音译，另一种是省略说，认为"亲"是汉语"亲爱的"省略（刘央，2013）。我们倾向于省略说，因为在现实言语交际中，"亲"流行之前，熟人之间确实开始将"亲爱的"用于彼此称呼，而不仅限于恋人之间，当然，多用于女性之间，在商场里，也能遇到售货员称顾客为"亲爱的"。

"亲爱的"由一个昵称泛化为一定范围内的通称，与"美女"成为面称的时间差不多，与互联网关系不大。

"亲"在淘宝体出现之前，是2005年超女周笔畅的歌迷团体"笔亲"互相之间的称呼，这可以看作是"亲"流行于网络的前身预热。2011年前后，"亲"用于淘宝卖家对买家的称呼，后来由于其简洁性和亲昵性，迅速由线上蔓延至线下，已成为时下最常用的称呼。"淘宝体"已跳脱出

网络购物领域的局限，成为一种全民表达（《2011 年语言生活状况报告》）。

　　我们不妨来探讨一下"亲"为何被网店卖家"选中"并广泛使用。这应该是语言的经济性原则发挥的作用。网店卖家线上与买家交流时，往往十分繁忙，又怕回应不及时得罪买家，而得罪的后果往往是生意打水漂，所以打字必然越少越好；同时，对买家的称呼又要尽可能拉近彼此关系以联络感情，"亲爱的"之简略形式"亲"便应运而生。不难发现，所有的通称里面，只有"亲"是单音节词。

　　"亲"也经历了争议阶段。初被完全陌生的网店卖家如此亲热地称呼时，大部分人一开始也吃不消。久而久之，"被亲昵"也不是一件坏事，自然而然就习惯了，欣然受之且广而用之。

　　（2）淘宝体和"亲"的应用

　　"淘宝体"最重要的关键词就是以"亲"称呼对方。有关"淘宝体"的应用，这里列出几例：

　　a. 淘宝体录取通知

　　2011 年 7 月，南京理工大学给新生发送了"淘宝体"录取短信："亲，祝贺你哦！你被南理工录取了哦！不错的哦！211 院校哦！……"有人认为该短信采用年轻人喜闻乐见的表达方式，很亲切，但质疑者认为这种短信不够严肃。

　　b. 淘宝体通缉令

　　2012 年，上海徐汇警方发布了一则"淘宝体通缉令"，通缉令中以"亲"称呼在逃人员，并使用了"优惠""客服热线""预订""套餐"等商家常用的词语。质疑者认为，这种表达形式模糊了警察与罪犯的界限，消解了司法的严肃性，使庄重的执法带上娱乐化色彩。

c. 淘宝体招聘公告

2011 年 8 月，外交部官方微博"外交小灵通"发布了一则"中日韩三国合作秘书处"招聘公告。该公告用"亲"的称呼开头，用"不包邮"结束，中间还使用了"有木有"等带有咆哮体特征的词语以及网络表情符号。①

d. 联合国催债

2013 年 7 月 1 日，联合国的新浪微博官方账号发出了这样一条微博：

缴费啦！2013 年已经过半，需要算算账了。截至 6 月 19 日，联合国 193 个会员国中有 102 个国家全部缴纳了 2013 年的年度预算摊款。其中包括五常中的中国、英国、法国和俄罗斯以及缴费大户日本、德国和意大利。尚未缴费的亲要赶紧啦！

以上几例说明"亲"在流行初期的喜闻乐见性。

（3）普适性

"亲"从线上到线下，从陌生人到同事、朋友等熟人之间，从只对女性到男女适用，2012 年之后，已成替代"美女"之势。

作为一个 T 形称呼，"亲"做到了不分性别、不分职业、不分阶层，打破了语言交际双方的权势界限，使用范围广，既可以用于关系亲密的人之间，如恋人间、朋友间、关系较好的同事之间，也可以用于关系疏远的人之间，如互不相识的线上买家与卖家，仅仅认识但不熟悉的同事之间等，使用"亲"可以缩小距离感。

《新周刊》将全民皆"亲"称为"扮熟"，探讨的是"陌生人社会"下的心理机制。陈漠在其文章中夸张写道："亲，是世间万事万物的终极答案，是宇宙四维和谐统一的唯一路径。"（《非亲戚的亲戚们》，《新周刊》第 363 期，2012 年）

---

① 教育部语言文字信息管理司. 中国语言生活状况报告 2012［M］. 北京：商务印书馆，2012：185. a. b. c. 三例见《2011 年语言生活状况报告》。

现如今，称谓使用选择困难时，"亲"就是一个"万金油"，这也是其迅速普及的原因。"亲"的出现和盛行，是称谓原则中同等语义"打败"权势语义，取得支配性地位的典型。

2014年时，我们预测，"亲（们）"仍会大面积使用一段时间，除非有新的受到广泛认可的替代称呼出现。8年过去了，时至今日，还并没有一个完全可以替代"亲"的通称出现。但是，"亲"的使用范围也没有继续扩大，调查显示，使用"亲"最多的还是70后和80后女性为主的群体①。

近几年的网络文艺作品中，也常见到"亲"的身影。如：

[例53]"谢谢亲，我不吃亲。"严嘟有礼貌地说，"但我一向对喜欢吃蛋黄包的人充满了好感，你吃吧。"

（淮上《吞海》，2019）

[例54]（体检中心工作人员）"欢迎来到互联网体检之家，亲！"……"亲，大数据时代，没有秘密。"

（《互联网体检》，《一年一度喜剧大会》2021）

2016年，因为当年的一条网络流行语"宝宝心里苦，可是宝宝不说"，"宝宝"成为一个新的泛通称，主要是被90后和00后群体迅速接受和使用开来。

5. "小伙伴（们）"

"小伙伴（们）"是一个看上去普通无"异样"的群称，却在2013年爆发式流行。源于网络流行语"我和我的小伙伴们都惊呆了"。是一场典型的源自网络社交平台的话语狂欢，并迅速蔓延至线下。

伴随着流行，自然是使用的泛化。"小伙伴（们）"不仅指儿时玩伴，成年人更乐于称用。

---

① 详见第六章。

翻看当年的一些大学校园通知，频频出现小伙伴（们）字样。商业广告语、新闻报道标题中也常见"小伙伴（们）"。

［例55］迎新系统贴吧语音 开学前这样来找小伙伴

（《钱江晚报》，2013年08月16日）

［例56］哈工大"校园快递"创业团队 帮"小伙伴"取快件

（黑龙江新闻网，2013年11月16日）

可见，在互联网时期，称谓语不一定新奇才夺人眼球，像"小伙伴"，依托于一个在网络上流传的小学生作文句子戳中了广大网民的嗨点。

（七）零称谓

1. 概说

赵元任（1965）指出当称呼对象为儿童或社会地位较低的人，如仆人、环卫工或乞丐时，称呼者会直接使用"哎 Eh!"或"喂 Uai!"。同时指出"喂 Uai!"也可以用于打电话时，相当于英语中的"Hello"。这是早期语言学家提出的模糊的关于零称谓的表述。

换言之，"哎"是一种权势高者对权势低者使用的不可逆的零称谓 T 形式，"喂!"既可以同"哎"一样不可逆，也可以是一种可逆的 T 形式（打电话时）。

事实上，"喂"在汉语中用声调区分了两种情形。当"喂"声调为去声时，是权势高的人对权势低的人使用的不可逆 T 形式，同时，对于同等地位的言语双方（一般来说同为低权势），也可以是可逆的 T 形式；当"喂"为阳平或上声时，则为可逆的、平等的 T 形式，且仅限于打电话这一种言语行为。当然也有打电话时是去声的"喂"，多为年长的男性使用。

祝畹瑾（1989，1990）在称呼系统图中，将"警察"等职业背称视为零称呼。因其讨论的是称呼语，都是面称，这样来定义是合适的，我们讨论称谓语时，"警察"等作为职衔称谓中的职业称谓一类，自然不能看作是零称谓了。

马、常（1996）也提出了零称谓的概念。

正如赵元任（1965）所提及的那样，英语中也有零称谓，据厄文·特里普（Ervin. Tripp）美国英语称谓系统流程图，当不知道对方姓名（NAME KNOWN 因值为-），即对方为陌生人时，会使用零称谓。

2. 礼貌性零称谓和非礼貌性零称谓

如果说"哎！""喂！""我说""修鞋的"等是一种 T 形零称谓，那么在多数情况下，无称可呼时，人们普遍选择的"你好""请问""打扰（一下）"等，则是一种可逆的，相互使用的 V 形零称谓。从礼貌性角度来说，前一种为非礼貌性零称谓，后一种为礼貌性零称谓。

就交际对象来看，礼貌性零称谓多数用于陌生人之间，非礼貌性零称分两种情况，一种是"哎！""喂！""我说"等可用于熟人之间，比如有的夫妻相互间没有昵称，直呼其名也觉得不合适，就会用"哎！""喂！"来称呼对方，年龄较大的夫妻一般有这种情况。另一种是"修鞋的"这种"的"字指人短语，主要用于陌生人，既可用于面称，也可用于背称，用于面称时，是非礼貌性的，用于背称时则属于客观指称，非礼貌性减弱。

表5.2　礼貌性零称谓和非礼貌性零称谓

	面/背称	对象	例称	例句
礼貌性零称谓	面称	陌生人	你好	[例57] 原来是——他叫什么来着？她笑了笑，"你好，"她回答说，"他——出门啦。"（张承志《北方的河》）
			请问	[例58] 这时，一个穿米色西服的中年男子，突然快步走上前来，满脸堆笑地说："请问，你是王敏英吧？"（陈国良《专机巧运"金圆券"——叶帅指挥的一次特殊行动》）
			打扰了	[例59] 突然她听到旁边传来一名男子的友好问话声："打扰了，我能帮您点什么忙？"《读者（合订本）》

续表

	面/背称	对象	例称	例句
非礼貌性零称谓	面称	熟人	我说	[例60] "喂！研究生！你看这黄河！"她喊他说，"我说，这黄河里没有浪头。……你说我讲得对吗?"她问道。（张承志《北方的河》，1984）
			哎	[例61] "哎，"母亲忙忙拉住他，"孩子，妈不要紧。"（冯德英《苦菜花》）
			喂	[例62] 身后的战友们都纷纷地叫起来："喂，干什么呀你，这可不是你家的高粱地！"（《1994年报刊精选》）
		陌生人	哎	[例63] "哎，你那墓砌成花了多少钱?"（阎连科《雪天里》）
			喂	[例64] 一次我买鱼，在称秤时一再叮咛："喂，钱足称够哟，我要复秤的。"（《人民日报》1994年）
			卖报的	[例65] "卖报的，两份！"（《读者（合订本）》）
	背称	陌生人	卖报的	[例66] "还有一些小英雄。"何必补充，"卖报的，划船的，听妈妈讲故事，以及放牛的王二小。"（王朔《懵然无知》）
			打渔的	[例67] "一个打渔的 这么有福气"（歌词《桃花源》2013）

3. 缺位补偿

为什么会有零称谓出现? 汉语称谓何其多，怎么还会有不选择任何实质称谓而使用零称谓的情况?

就礼貌性零称谓而言，我们认为这是一种在交际中寻求安全区的心理选择机制，是一个在当下普适性社会通称缺位的情形下，一个 V 形补偿，是一个"万全之策"。

非礼貌性零称谓"哎！""喂！"已不多见。

"的"字形指人短语用于面称时具有［礼貌-］的隐形义项，现多用于背称，用于临时性指称。

（八）小结

我们发现，不管是新中国成立前的"先生、小姐"以及"老总"，建国初期的"同志"，"文革"时期的"师傅"，还是改革开放后的"老板"和"老师"，每个时期最受青睐，使用度和接受度最高的通称，一定是该称呼的本义"地位"数一数二，当时最受认可的尊称，是每个时期的 V 形最高形式。如"先生、小姐"替代的是"大人"等封建社会旧称，既保留了古时的尊称意味，也反映了当时与西方文明初步接轨及认可；"同志"代表了"政治正确，阶层认同"；"师傅"代表了当时工人阶级的风头无两；"老板"代表了经济地位在社会地位中的被认可；"老师"反映了尊师重教传统的回归。"五四"以后，平等观念深入人心，但社会依然是分层的，汉语的社会称谓系统一定会选择代表一定社会地位的称谓语来用作通称。这说明了中国传统礼仪观念在强大的惯性下对语言产生的影响，每个时期的通称虽不同，但都是最高尊称形式的变体，印证了"礼仪之邦"四字。

互联网时期则有所不同，"美女""亲""姐妹""家人"等称谓的盛行，则是 T 形称谓的"逆袭"，打的是亲近牌。我们不妨认为，这个时期的"同等"语义原则取得了主导支配力量。

另外，根据我们的问卷调查结果显示，当下还没有哪个通称在使用度上具有绝对性选择优势，大家仍然普遍用"你好、请问、打扰了"等礼貌性零称谓来避免陷入称谓选择。

每一个通称的使用范围大小有别，没有一个通称是全民适用。历时来看，以"全社会适用度"作参量标准，各个通称的普适性可排序如下：

同志>师傅>先生>老板>老师

共时来看（当前），则是：

先生>师傅>老师>老板>同志

以"尊敬度"来看，则是：

先生＝老师>其他　　先生>女士>小姐

以"平等度"来看，"亲"大于其他。

现代汉语社会称谓系统中，最能反映出历时变化的通称就是"同志"。它的全民地位受政治因素影响，后来又衰微和异化，在"同志"身上，极大体现了社会语言学中"语言与社会共变"的规律。

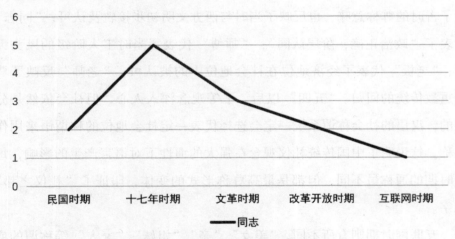

图 5.1　"同志"全民适用度走势图

第六章　社会称谓语认知与使用现状问卷调查

为客观了解社会称谓语认知和使用现状，我们分别进行了两次问卷调查，第一次在 2014 年初，第二次在 2022 年 5 月初。问卷法是社会语言学研究中一项常用的定量研究方法，研究者使用问卷把所得到的关于人或事物的信息转化为数据，通过量表或评分量表呈现量化数据（桂诗春、宁春岩，2005）。两次调查都是通过互联网（包括移动互联网）新媒体传播介质，完成问卷的设计、发放、回收及基础数据统计等过程，再对统计结果进行分析研究，样本的多样性有所保证。

一、第一次问卷调查及结果分析

1. 问卷设计及样本分布说明

（1）问卷设计

问卷设计采用专业问卷网站在线操作，考虑到移动触屏终端的使用特点，在题型设计上，侧重于界面简洁、易操作、题量适中以及具有一定的视觉效果。在内容设计上，尽可能增强趣味性。问卷共设 20 题，题型设单选、多选、打分题三类，并分为选答和必答，不设文字输入类题型；回答涉及量表反应、清单反应和范畴性反应等；内容包括受访者个人信息，通称、自称、拟亲属称谓或礼貌性零称谓①等的使用以及对部分社会称谓语的认知和评价等。

（2）发放和收集途径

从传播平台来看，包括专业问卷网站、网络社交平台、IM 即时通信工具如 QQ、微信等。通过微信回收的问卷超过 60%。

从受访者使用的终端来看，包括 PC、笔记本电脑、智能手机、平板电脑等。移动终端超过 70%。

从问卷发放的对象来看，分为已知对象和未知对象，已知对象包括定向发放的研究者的家人、朋友、学生等，未知对象包括问卷网站有偿收集、微信等即时通信软件扩散性传播等，是一个开放型的样本采集。

（3）样本分布说明

本次问卷共回收 296 份，全部为在线回收，有效样本 278 份，无效样本 18 份（答题时间过短、答案无区分度、存在逻辑矛盾等），有效率 94%。受访者来自北京、上海、天津、山东、山西、广西、广东、浙江、甘肃等 23 个省、直辖市和自治区，以北京市的样本回收率为最高，共 106 份，达 35.8%，其次是山东省，共 59 份，达 19.9%，南方地区样本数为 74，占总样本数的 25%，样本分布区域并未过分集中。有效样本答题时间众数是 5（单位：分钟）。全部受访对象中，男性占 33.09%，女性占 66.91%。

年龄分布方面，90 后占 12.23%，80 后占 58.63%，70 后占 22.23%，60 后占 4.68%，50 后和 40 后分别占 1.80% 和 2.36%。70 后、80 后和 90 后为绝大多数，即年龄在 15-45 岁的总人数超过 90%。

职业/身份方面，教师占 30.22%，学生占 17.27%，媒体从业者占 7.55%，退休人员占 1.8%，其他占 43.17%。

---

① 为方便叙述，本章中的零称谓指的都是礼貌性零称谓。

受教育程度方面，初中及以下占 0.72%，高中占 5.04%，大专占 10.78%，本科占 34.17%，硕士及以上 49.28%。

学科背景方面，语言文学类相关专业占 44.06%，传媒类相关专业占 13.67%，其他社会科学类占 30.94%，自然科学类占 10.79%。

2. 调查结果分析

（1）称谓语使用现状分析（2014 年）

在此次问卷调查中，我们设计了 9 道有关通称、自称等称谓使用选择的题目。

表 6.1　与同龄陌生人打招呼，称谓语选择倾向统计

答案选项	选择人数	比例
用"你好，请问，打扰"等代替	219	78.78%
先生/女士/小姐	57	20.50%
同学	48	17.27%
帅哥/美女	47	16.91%
师傅	46	16.55%
老师	32	11.51%
亲	31	11.15%
同志	11	3.96%
老板	9	3.24%
靓仔/靓女	8	2.88%

从表 6.1 中可以看出，与同龄陌生人打招呼时，使用"你好，请问，打扰"等零称谓占绝对优势。"先生/女士/小姐"等选择比例虽然跟其他通称相比为最高，但仍不足 1/4。选择"同志"的已不足 5%，而"同学""美女""亲"等选择人数都在"同志"之上。"靓仔/靓女"是具有地方特色的通称，只在广东、广西一带，特别是广东地区使用，从样本中可以

得到证实。邵敬敏（2009）通过"美女"与"靓女"比较，认为后者的虚化泛化程度比较高，已经具备面称的资格，提出可用"靓女"代替"美女"的看法。从此次调查结果来看，尚存争议。诚然这与样本在粤方言区的分布数量有关，但足可以证实"靓仔/靓女"还不具备成为全国范围内通用面称的资格。而"美女"在此次调查中选择比例排在第4位，超过"师傅""同志""老板"等曾经盛极一时的通称。选择"同学"的人数正好与职业/身份为同学的人数相吻合，由此我们认为"同学"仍是在一定范围内被一定人群使用，故认为排在前三位的称谓为零称谓、"先生/女士/小姐"和"帅哥/美女"。

表6.2　与年长陌生人打招呼，称谓语选择倾向统计

答案选项	选择人数	比例
叔叔/阿姨、大叔/哥/爷/姐/妈等	170	61.15%
用"你好，请问，打扰"等代替	18	42.45%
师傅	98	35.25%
老师	69	24.82%
先生/女士/小姐	34	12.23%
老先生/前辈/老人家	23	8.27%
老板	15	5.40%
同志	6	2.16%
亲	1	0.36%

从表6.2中看出，面对年长者，受访者选择最多的是"叔叔/阿姨、大叔/哥/爷/姐/妈"等拟亲属称谓语，同时零称谓仍然是主要选择，排在第2位。"师傅"用于称呼年长者的选择比例明显提高，超过1/3，高于"老师"和"先生/女士/小姐"。"同志"的使用率仍然较低，不足3%。"亲"几乎不用于称呼年长者。

表6.3　陌生人与自己打招呼，称谓接受倾向统计

答案选项	选择人数	比例
用"你好，请问，打扰"等代替	194	69.78%
先生/女士/小姐	87	31.29%
同学	45	16.19%
老师	44	15.83%
帅哥/美女	38	13.67%
大叔/大妈/大哥/大姐 等	31	11.15%
同志	25	8.99%
师傅	25	8.99%
亲	14	5.04%
老板	5	1.80%
靓仔/靓女	1	0.36%

在称谓接受倾向统计中，零称谓和"先生/女士/小姐"仍然占比最高。

表6.1—6.3说明：

① 汉语称谓缺位问题依然严重，当前仍未出现可以在最大范围内被广泛使用的"万能"通称，因此，大家普遍选择用"你好、请问、打扰"等这种零称谓的方式来替代常用通称。

②"先生/女士/小姐"在通称中具有最大使用度与接受度。

③"师傅"并未完全过时。特别是用于年长者，"师傅"依然是一个使用度较高的称谓。

④"同志"作为通称日渐衰微，与建国初期的全民推崇地位完全不具有可比性。

⑤"老板"的使用度略高于"同志"，接受度则低于"同志"。个体样

本显示，学历较低者（高中及以下）多使用老板；地区分布则呈现有趣的南北"两极"分化现象，以广东、海南地区和东北地区使用者为多数。

⑥ 关于"老师"，约有30%受访者职业为教师，但表1—3数据显示选择"老师"的都不足25%，三项平均选择率为17.4%。同时，通过个体样本分析，发现三个问题中至少有两个问题选择"老师"者，以山东省济南市为主。这证明了崔希亮、马宏基等学者提到的济南市以"老师"为主要通称的说法，目前仍存在，也说明"老师"作为通称而非职业称谓语应用于社会公共场合的时候，还不具有全民普及性，甚至未达到"师傅"曾经的通用程度。

⑦ "美女"的使用度和接受度均略高于"亲"。

⑧ "靓仔/靓女"最具有地域性和非普及性。

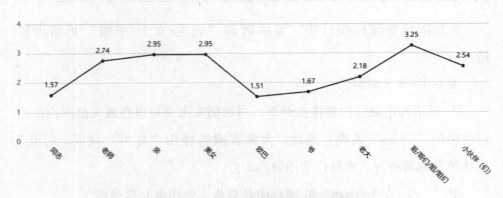

图 6.1　熟人之间称谓使用倾向均值图

图6.1显示的是熟人（同学、同事、朋友等）之间称谓语使用的频率，5分为经常使用，1分为从不使用。我们看到使用频度排在前三位的是"哥/哥们/姐/姐们""美女"和"亲"，三项的均值分别是3.25、2.95和2.95，"美女"和"亲"的均值一致，接近分值中位数3。作为两个

新兴的称谓，这个使用频度算是比较高的。当然，"亲"多用于女性之间。"亲"和"美女"都是近几年开始流行的称呼语，"亲"出现和较大范围使用的时间要晚于"美女"，"亲"作为称呼语的使用经历了一个从线上交际到线下交际的过程，而"美女"并不是由线上而来。"小伙伴（们）"均值为 2.54，处于中间值。"同志"的均值仍然较低，只有 1.57，仅略高于来源于韩语的借称"欧巴"的 1.51。

另外，"同志"指称男同性恋的认知度调查结果显示，认为"同志"就是同性恋的占总样本数的 7.55%，了解这一用法的占 82.37%，不确定占 7.19%，从未听说占 2.88%。也就是说，对于"同志"同指称同性恋的认知度接近 90%。我们认为，"同志"作为通称的衰微，与其在社会认知中有"同性恋"的隐形义项也有关系。

关于自称在网络社交平台的使用，调查结果显示，"其他"类选项排在第一位，选择人数占 51.08%，"本人/本……"排第二位，占 39.57%，"哥/姐"用于自称排在第三位，使用人数占 24.01%。其他选项使用人数由高到低依次是"在下""爷""小可/小女子""敝人/不才"和"本宫/臣妾/小主"，使用率都不足 15%。"哥/姐"用于自称近几年来在网络上流行，大概始于 2009 年，经历了缘起于网络流行语——小众效仿——大众逐渐接受认可及使用的过程。称谓语的分类中，有学者将自称归为谦称一类，如"在下""鄙人""不才""小可"等，都为谦称，表达抑己、谦虚的传统社会心理。而"哥/姐"以及"爷"等拟亲属称谓用于自称，则是一种自我认可、自我张扬的体现，不再具有谦称的色彩。"本宫/臣妾/小主"属历史词，本已随着社会制度的变化而消亡，但近年来由于《甄嬛传》等历史题材电视剧的大热，收视率、重播率和热议度居高不下，使"本宫/臣妾"这样的历史词重新复活，出现在现实语言生活中。虽然在此次调查中，选中率并不高，但也足以说明这样的历史词已从故纸堆和荧屏内重新走入现实生活，这也是电视传播对语言产生渗透及影响的一个生动实例。同样的例子还有"母后""少爷"等用于称呼自己的母亲和儿子，因属亲属称谓范畴，不多加讨论，在此仅做辅证。

表 6.4 反映的是一个称谓使用个例，是在餐厅就餐时，当面称呼服务员时使用的称谓选择。一般而言，职业称谓语，如教师、农民、工人、警察、医生等，多为背称，用于面称时，则会选择相应的形式，或使用复合称谓语，如使用"老师""农民伯伯""师傅""警察叔叔/警察同志""大夫"来分别用于当面称呼。"服务员"就经历了一个"面称—背称—面称"的变化阶段。从表 6.4 可以看出，直接称呼"服务员"占据了主导地位，似乎与语言求新求变的趋势并不相符。分析其背后原因，与"小姐"一词的贬化有关。所以，因怕"小姐"产生歧义，在言语双方都认可的情况下，"服务员"被重新启用并占据主流。这一称谓现象在大约十几年前还不被认可，现在已经在很大范围内得到认可。

表 6.4　当面称呼服务员称谓使用选择对比

称谓语选项	服务员	美女/靓女	先生/小姐	waiter/waitress	其他
选择人数比例	82.73%	20.50%	8.99%	3.24%	9.70%

比如，2002 年时还有则新闻称"小姐不雅服务员太土 餐馆服务员改称翠花"（南方网转载《长江日报》），2007 年时有人在网络论坛发帖提问"在餐厅用餐时如何称呼服务员"，答案五花八门——"小姐、老板、哎、小妹、靓妹、姑娘、伙计……"，或者干脆什么也不称呼，直接招手示意，而现在，我们外出就餐时，十有八九直接称"服务员"。

这是一个与当下求新求变"逆势"而为的称谓现象。我们认为，"服务员"的回归，避免了性别选择，也避免了"先生"的正式感和"小姐"的尴尬感，又避免了"美女""帅哥"的过于随意感。只是在"土"还是

"洋"的问题上，反而豁然开朗，无所谓土不土了。

问及是否遇到"无称可呼"，称谓选择困难的问题时，选择经常遇到的占21.94%，偶尔遇到的占63.31%，没遇到过此种情形的占14.75%。也就是说，在日常生活中，约有超过85%的人经常或偶尔遇到不知如何称呼对方的问题。

（2）社会称谓语认知和评价分析

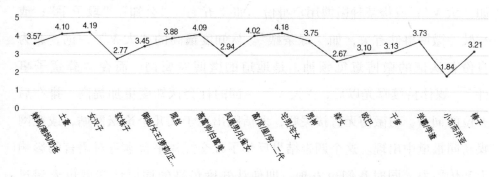

图6.2　称谓语认知度及使用度分值图

我们选了17类社会称谓语进行认知和使用度调查，赋值区间为1-5，5分为了解并使用，3分为了解但不使用，1分为完全不了解。17类称谓语中，有16类是近几年出现的新兴称谓语，如"女汉子""学霸/学渣"等，有1个是已经不再使用的历史称谓语，即"小布尔乔亚"（意为小资产阶级）。"土豪"的本义是"旧时农村中有钱有势的地主或恶霸"，现在则是一个意外"复活"而重新流行的社会称谓语，且认知和使用度超过4。"宅男/宅女"是2007年出现的新词，在此次调查中，认知和使用度排在第二位，说明它们是生命力较强的新词语，第六版《现代汉语词典》收录了"宅男""宅女"，也正说明了这一点。排在第一位和第三位的"女汉子"和"土豪"，出现在2013年媒体十大新词语之列，"高富帅/白富美"是2012年十大网络流行语之一，可见这些社会称谓语的认知和使用度与它们的流行度相吻合。而"女汉子"等能否进入词典，有待时日观察。唯一一个历史称谓语"小布尔乔亚"，分值最低，样本分布说明，超过90%的90后对这个词的打分为1，即为完全不了解，打分在3分以上的多为50后和60后，证明了这是一个真正的历史词。

表6.5反映的是当前在网络流行的部分称谓语的社会认知度反馈。我们发现，认知度前五位的称谓语，全部与微博有关，或直接产生于微博，如"大V"；或指某种微博用户身份，如"五毛""公知""段子手"；或与某一微博事件有关，如"绿茶婊"。认知度最高的"大V"一词，意为身份获认证的微博意见领袖，是地道的微博专属词。而在"薛蛮子事件"① 媒体持续曝光以后，"大V"一词的社会认知度更加提高。排在后五位的词语，与微博无直接关联，多活跃出现于某几个论坛网站，或在网媒新闻报道中出现。这个调查结果反映了社交媒体平台本身对语言的影响力和传播力。同时我们也发现，即使认知度最高的词语认知度也未超过70%，可见网络称谓语不具有全民普及性。

表6.5 主要使用于网络的称谓语认知度调查结果

答案选项	选择人数	比例
大V	178	68.20%
绿茶婊	133	50.96%
五毛	129	49.93%
公知	115	44.06%
段子手	100	38.31%
废柴	89	34.10%
~er（如：猫扑er, PPTer）	79	30.27%
大牛	75	28.74%

① 指的是2013年8月北京朝阳警方通报的薛蛮子嫖娼事件。

续表

答案选项	选择人数	比例
圣母	56	21.46%
鲜肉	46	17.62%

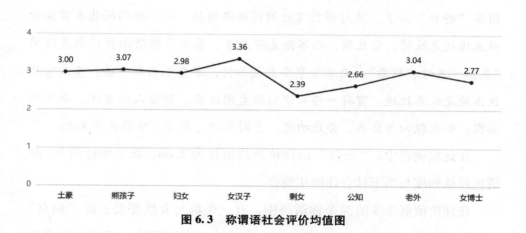

图 6.3　称谓语社会评价均值图

　　图 6.3 显示的是部分称谓语的社会评价度，即感情色彩认知度。我们看到"剩女"的评价度最低，而"女汉子"的评价度最高。

　　调查结果显示有的词语的社会评价已发生变化，如"土豪"本义与地主、恶霸有关，"土豪劣绅"是具有贬义色彩的历史称谓，而在 2013 年以后一段时间，随着这个词的炙手可热，社会评价变为中性义，高于"妇女""公知"等。"熊孩子"源自东北、华北等北方方言区，本义带有贬义或大人骂孩子时使用，而在此次调查中评价均值为 3.07，略高于中位数 3，接近中性义。"公知"则是一个反面的例子。"公知"原义是"公共知识分子"的缩略形式，指"具有学术背景和专业素质的知识者，进言社会并参与公共事务的行动者，具有批判精神和道义担当的理想者"（《南方人物周刊》），原义的社会评价是正面的。2004 年，《南方人物周刊》推出

"影响中国公共知识分子 50 人"评选活动，在媒体上提出公共知识分子的概念。而现在，"公知"一词指"那些所谓公正博学，自视甚高，以天下评判为己任，视政府和百姓问题多多，自认担纲启蒙责任，诲人不倦的一群文化人。"2012 年 9 月，《人民日报》评论指出：

　　（公共知识分子）尤其是一些实名、知名、著名的微博"大 V"们，因其"粉丝"众多，几句话就可能闹得沸沸扬扬。……他们的基本言论价值立场就是反对，唱反调，而不论是非曲直。基本价值结论最终都是政府"失德、无信、作恶"，而不管事实真相如何，不分个别和一般。基本言论载体就是故意捏造、剪辑一些所谓的历史阴暗面、领袖人物丑闻，而不辨真假。如此貌似为公共、公众呐喊，实则煽动、鼓惑，唯恐天下不乱。

　　在此次调查中，"公知"的评价度均值仅为 2.66，低于中性值 3，感情色彩认知度与当下社会评价相吻合。

　　在评价值低于 3 的四个称谓语中，有三个都与女性相关，即"剩女""女博士"和"妇女"，可以反映出一定的性别意识问题。而在社会评价度方面，"女博士"依然较低，"女汉子"则略带褒义的色彩。

　　（3）交叉变量分析

表 6.6　"小姐""女士"称谓选择性别差异统计

	"小姐"	"女士"
男性	29.30%	70.70%
女性	17.20%	82.80%

　　表 6.6 数据显示的是对女性称谓选择通称个例的性别差异，以性别因素为自变量。在"小姐"的使用度上，男性要大于女性。同时，不管是男性还是女性，选择"女士"的均超过 2/3。可见，"女士"的尊称意味要远大于"小姐"，这必然也与"小姐"的多义性有关。

　　另外，我们还调查了是否建议"妇女节"更名的问题，建议更名的样本占总数的 64.7%，不建议的占 35.3%。其中认为"妇女"一词十分难听的占总数的 24.1%，认为应更名但不知道更为何名的占 40.6%。在这个问题中，性别因素也是一个重要变量。选择不建议更名的，男性远多于女性，而认为"妇女"一词十分难听的，女性远多于男性。

　　3. 此次问卷设计及新媒体介质传播分析

　　（1）问卷内容设计存在的问题

　　我们在第一次设计问卷时，称谓语选项方面有一定的主观性，由于各种原因，有的称谓语未收入题目，如"同学"未被收入用于熟人间相互称谓的题目，网络称谓语"水军""脑残粉"等也未被收入称谓认知的题目。

　　"帅哥"和"美女"虽为对称性称谓，在日常生活中使用的频率并不一致，后者的使用率要远高于前者，"美女"的使用率使其具备通用面称的资格，"帅哥"目前看则没有。在此次调查中无法体现两者在使用度上的差异，是一个遗憾。

　　关于自称的题目，选择最多的选项是"其他"，可见题目选项设置并不太理想。

　　（2）新媒体介质传播分析

　　2014 年时，使用在线问卷用于社科类学术研究还不普遍，故分析了新媒体介质的优势和劣势。

　　a. 优势

　　从研究者角度来看，通过新媒体介质传播进行问卷调查，调查范围广，回收速度快，基础数据自动生成，减少了人工统计成本。

　　从受访者来看，通过手机等移动终端，有参与感和体验感，易操作性强。

从样本分布来看，避免了受访者年龄、职业、地域等分布单一化，具有开放性，增加了样本覆盖的广度。

b. 不足

样本的多样性依然不够丰富，职业、受教育程度等分布依然受研究者主观选择倾向影响较大，教师和学生占比重较大，高学历者占比重较大。

对于未知受访对象，不能保证样本质量，比如此次 18 份无效样本，全部来自专业问卷网站有偿收集的未知对象，占全部有偿收集样本量的 30%。

二、第二次问卷调查及结果分析

2022 年 5 月初，我们进行了第二次社会称谓语的认知和使用情况问卷调查。

1. 问卷设计及样本分布说明

（1）问卷设计

此次问卷设计依然依托专业问卷网站在线操作，吸取第一次问卷设计的经验，为减轻受访者负担，此次问卷题量有所减小，共设 17 题，全部为必答题。题型设有单选题、多选题、矩阵量表题三类，多选题中的其他类选项设填空补充（非必填）；回答涉及量表反应、清单反应和范畴性反应等；内容包括受访者个人信息（性别和年龄），通称、自称、拟亲属称谓、零称谓等的使用，以及社会称谓语的认知和评价等。较之第一次的问卷设计，从题目到答案选项设置都做了不少调整。

（2）样本回收和分布说明

此次问卷全部为在线发放，在线回收，共回收结果样本 629 份，有效样本 629 份，有效率 100%。是第一次有效样本量的 2.26 倍。所有题目为必答题，故每道题目的有效答案数量均为 629。

此次答卷有 590 份通过微信回收，占比 93.8%。

受访者来自山东、北京、上海、山西、广东、湖北、辽宁、浙江、河北、新疆等 28 个省、直辖市和自治区，以山东省的样本回收量为最高，共 233 份，占总数的 37.4%，其次是北京市，共 118 份，达 18.8%，山东和北京两地的样本数超过总数的 55%。粤方言区样本数为 33，占总样本数的 5.2%，样本分布区域基本遍及全国（青海、西藏、内蒙古、台港澳除外）。另外还有 9 份样本来自国外。

全部受访对象中，男性占 33.07%，女性占 66.93%。与第一次样本量的性别占比几乎一致。

年龄分布见下图。80 后最多，占比近 30%，其次是 00 后，占比近 1/4，再次是 90 后，占比 17.33%。全部受访者既有 00 后和 10 后，还有 40 后和 50 后，年龄跨度超过 60 岁。80 后、90 后和 00 后受访者共 441 人，占比达 70% 以上。

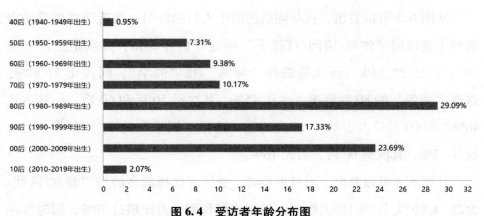

图6.4　受访者年龄分布图

2. 调查结果分析

（1）称谓语使用现状分析（2022年）

在此次问卷调查中，我们依然设计了 8 道有关通称、自称等称谓使用和接受度的题目。以下是结果分析。

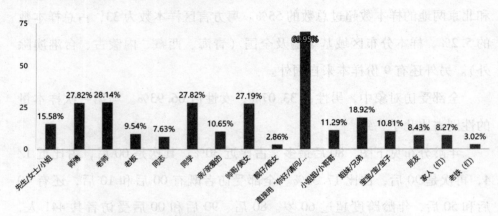

图 6.5　与同龄陌生人打招呼，称谓语选择倾向统计

从图 6.5 可以看出，在与同龄的陌生人打招呼时，接近 70% 的受访者选择了直接用"你好/请问/打扰了"等这样的零称谓，其次是选择"老师"，占比 28.14%，再次是选择"师傅"和"同学"，同占比 27.82%。选择"师傅"的 80 后最多，占比 35%，其次是 50 后和 60 后，一共占比 40%，而 00 后只占 3.4%。相反的是，选择"同学"的 00 后最多，占比达 53.7%，其次是 90 后，占比 16%。

从图 6.6 可以看出，面对年长者，受访者选择最多的是"叔叔/阿姨、大叔/大妈/大爷/大哥/大姐等"等拟亲属称谓，占比超过 70%，同时零称谓仍然是主要选择，排在第 2 位。"师傅"和"老师"用于称呼年长者的选择比例明显提高，均超过 43%。再就是"哥/姐"这样的更显亲切的拟亲属称谓。"亲"和"同学"几乎不用于称呼年长者。选择"师傅"最多的是 50 后。

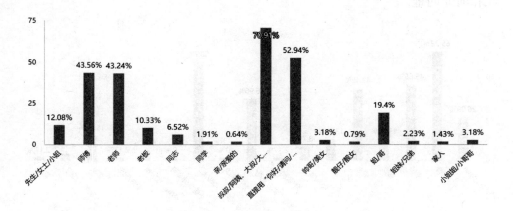

图 6.6 与年长的陌生人打招呼，称谓语选择倾向统计

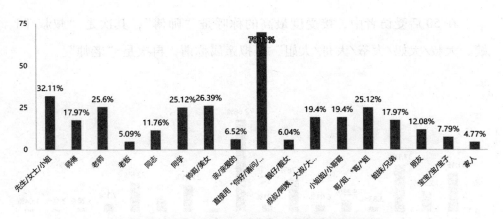

图 6.7 陌生人与自己打招呼，称谓语接受度统计

　　在称谓接受倾向统计中，零称谓依然一骑绝尘，占比超过 70%。其次是"先生/女士/小姐"，占比超过 32%，其中广东和上海的受访者接受度最高。几大通称中，"老板"的接受度最低，浙江和湖北两地对"老板"的接受度最高。再其次是"帅哥/美女"，超过 26%，对"帅哥/美女"接受度最高的是新疆和浙江两地，对"老师"接受度最高的是山东。对"靓仔/靓女"接受度最高的是广东和陕西。对"哥/姐"接受度最高的是黑龙江和河北两地。

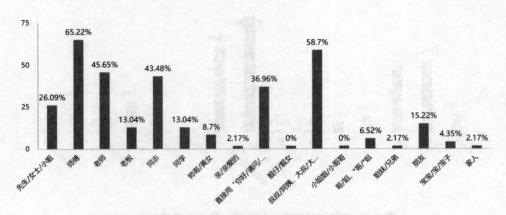

图 6.8　陌生人与自己打招呼，称谓语接受度统计（50 后）

　　在 50 后受访者中，接受度最高的称呼是"师傅"，其次是"叔叔/阿姨、大叔/大妈/大爷/大哥/大姐"等拟亲属称谓，再次是"老师"。

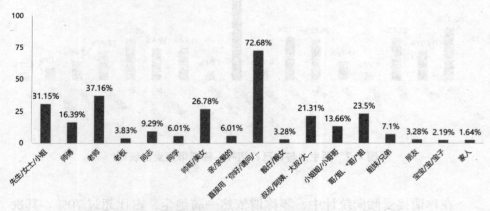

图 6.9　陌生人与自己打招呼，称谓语接受度统计（80 后）

　　再看 80 后，对零称谓的接受度最高，其次是"老师"，再次是"先生/女士/小姐"等。

　　90 后对称谓的接受度偏好，除零称谓外，最高的是"先生/女士/小

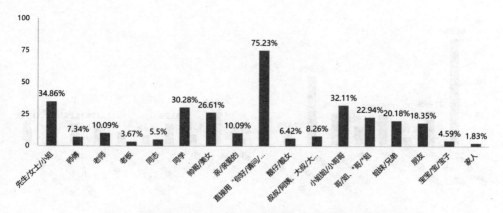

图 6.10　陌生人与自己打招呼，称谓语接受度统计（90 后）

姐"，其次是"小姐姐/小哥哥"。

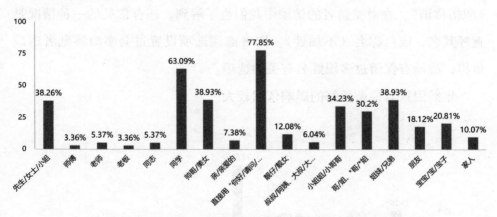

图 6.11　陌生人与自己打招呼，称谓语接受度统计（00 后）

00 后除了对零称谓接受度特别高以外，其次就是最接受被称为"同学"，这与他们自身的学生身份强关联。再就是"帅哥/美女"和"姐妹/兄弟"。年龄因素导致的称谓偏好显现了出来。

图 6.12 数据显示的是现实生活中（包括微信聊天）熟人（老师/同学/同事/朋友/家长等）之间的称谓使用倾向。偏好度最高的是"老师、姓+

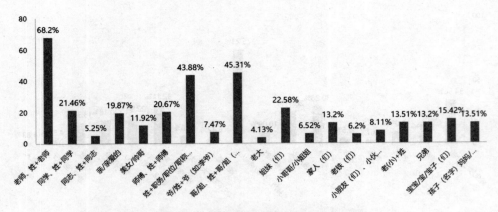

图 6.12　熟人交际语境下称谓使用倾向统计

老师"，接近 70%。其次是"哥/姐，姓+哥/姐"，超过 45%，再次是"姓
+职衔称谓"。在对受访者的访谈中我们也了解到，还有常见的一种情况是
直呼其名，或只称名（不加姓）。因考虑到选项设置过会多对答题者造成
负担，故没有保留过多跟姓名有关的选项。

　　年龄因素对称谓偏好的影响依然较大。

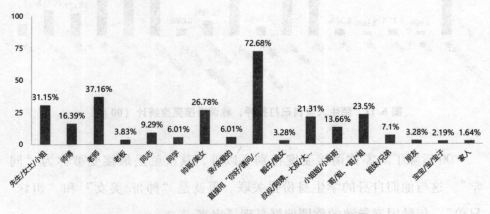

图 6.13　熟人交际语境下称谓使用倾向统计（50 后）

　　熟人之间的交际，50 后对"师傅"的偏好依然很大。使用"姓+职衔

称谓"这种较正式的形式也多于所有年龄段的平均值。

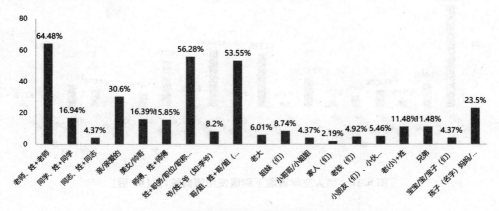

图 6.14　熟人交际语境下称谓使用倾向统计（80 后）

80 后对"亲/亲爱的"和"孩子妈妈/宝妈/宝爸"这种从儿称谓比其他年龄段显示出更大偏好度。这与 80 后多为人父母（且孩子尚未成年）有关。

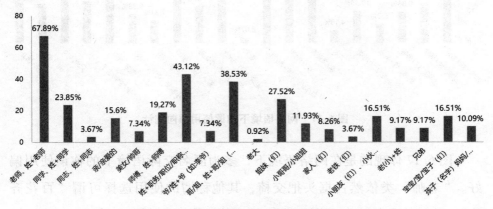

图 6.15　熟人交际语境下称谓使用倾向统计（90 后）

90 后对"姐妹（们）"和"宝/宝宝/（们）"的使用偏好度开始上升。

00 后的使用偏好更加明显，对"姐妹（们）""宝宝（们）""家人

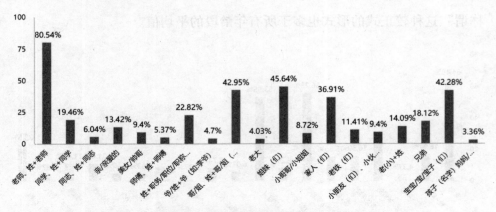

图 6.16　熟人交际语境下称谓使用倾向统计（00 后）

（们）"的使用偏好度都高于其他年龄段。

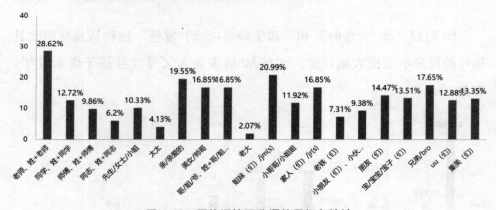

图 6.17　网络语境下称谓使用倾向统计

　　图 6.17 体现的是在网络语境下，多为匿名交际语境下的称谓使用偏好。"老师"类依然占据头把交椅，其他称谓的使用选择可谓"百花齐放"，使用较多的有"姐妹（们）/jm（s）① ""亲/亲爱的""兄弟/bro② ""家人（们）"等。

---

　　①　jm（s）：jm 是"姐妹"的拼音首字母缩写，s 是英语的复数标记。jms 即"姐妹们"。
　　②　bro：是英语 brother 的简写，就是"兄弟"的意思。

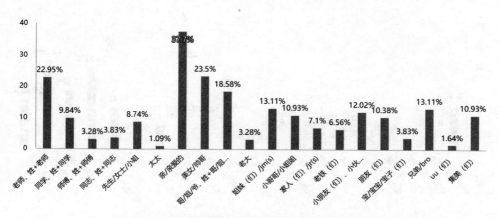

图 6.18 网络语境下称谓使用倾向统计（80 后）

上图数据凸显 80 后对"亲/亲爱的"的使用偏好。

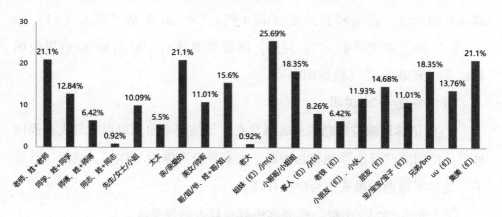

图 6.19 网络语境下称谓使用倾向统计（90 后）

图 6.19 中，90 后对"姐妹（们）/jm（s）"和"集美①（们）"的使用偏好可见一斑。

---

① 集美：是"姐妹"的谐音。

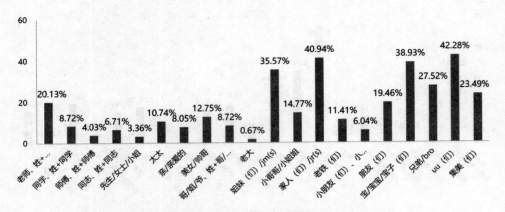

图 6.20　网络语境下称谓使用倾向统计（00 后）

由上图可见，00 后在网络语境中称谓语的使用偏好契合了当前网络上最 in① 的用法。高居榜首的是"uu（们）"②，其次是"家人（们）/jr(s)③"和"宝宝（们）"。另外，调查结果显示，90 后和 00 后男生的首选是"兄弟/bro"（数据图略）。

图 6.5-图 6.20 说明：

① 汉语称谓缺位问题依然客观存在，当前仍未出现可以在最大范围内被广泛使用的"万能"通称，因此，大家普遍选择用"你好、请问、打扰了"这种零称谓的形式作为缺位补偿。

②"先生/女士/小姐"在通称中具有较大的接受度。

③"师傅"并未过时。对于年长者，比如 50 后，"师傅"依然是一个使用度和接受度较高的称谓。但对于 90 后、00 后来说，"师傅"的使用度和接受度都比较低。

④"同志"作为通称的使用度和接受度日渐衰微，对于"同志"，50

---

① in：流行的意思。

② uu：是"友友"的谐音，意即"朋友"，uu 们也就是"朋友们"。

③ jr：是"家人"的拼音首字母简写，s 是英语中的复数标记，所以 jrs 就是"家人们"。

后、80后、90后、00后的接受度分别为43.5%、9.3%、5.5%、5.37%。

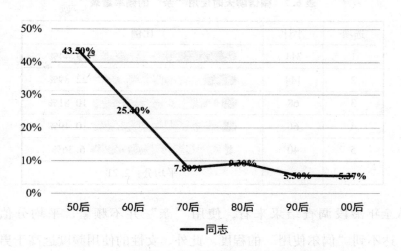

图 6.21 不同年龄段受访者对"同志"的接受度

⑤ 对"亲/亲爱的"使用偏好度最高的是 80 后女性,这也与研究者的个人生活经验相符。

⑥ 不管是熟人交际还是网络虚拟语境下,"老师、姓+老师"的使用偏好度都是最高的。"老师"的全面泛化得到进一步证实。

⑦ 90 后和 00 后偏好的"宝宝(们)""姐妹(们)""家人(们)""uu(们)"等,都是近几年在网络上流行起来的称谓形式,出现和流行时间晚于"亲"。

⑧ 年龄化差异明显。不同年龄有着不同的称谓使用和接受偏好,就像暗号一样,50 后称"师傅",70 后称"美女",80 后称"亲",90 后称"姐妹/集美们",00 后称"家人(们)""uu 们"。

此次我们还分别调查了人们在微信聊天时使用"亲"和"宝宝"的频率(量表题,5 分为使用特别频繁,4 分为经常使用,3 分为偶尔使用,2 分为极偶然使用,1 分为从不使用),调查结果如下表:

表6.7　微信聊天时使用"亲"的频率量表

选项	小计	比例	
1	311		49.44%
2	144		22.89%
3	68		10.81%
4	66		10.49%
5	40		6.36%
		平均分：2.21	

　　从全年龄段调查结果来看，使用"亲"并不频繁，平均分值只有2.21。达不到"偶尔使用"的程度。此外，女性的使用频度远高于男性。

　　分性别和年龄段来看，"亲"的使用度最高的是70后和80后女性，见下图：

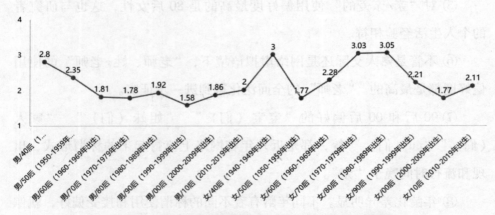

图6.22　不同性别不同年龄段"亲"的使用度折线图

表6.8 微信聊天时使用"宝宝/宝"的频率量表

选项	小计	比例	
1	311		49.44%
2	144		22.89%
3	68		10.81%
4	66		10.49%
5	40		6.36%
		平均分：2.01	

　　从全年龄段调查结果来看，使用"宝宝/宝"的频率更低，平均分值只有2.01。

　　不过，从下图可以清晰地看到，"宝宝/宝"的使用度最高的是00后女生。其次是10后女生和00后男生。在00后中，选择"经常使用"的人数占比最多，达27%。其他年龄段的使用度都较低。

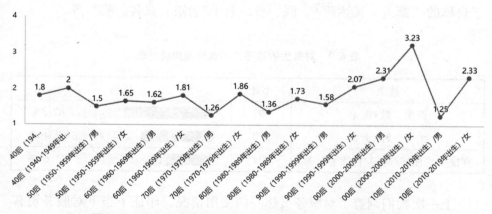

图6.23 不同性别不同年龄段"宝宝/宝"的使用度折线图

　　影响"亲"和"宝宝"使用度的除年龄因素外，性别因素影响也很大。数据显示，男性对这两个称谓的使用度平均分值都很低，"亲"是1.91，"宝宝"是1.58。使用"亲"最多的是80后女性，分值达3.05；

使用"宝宝"最多的是 00 后女性，分值达 3.23。

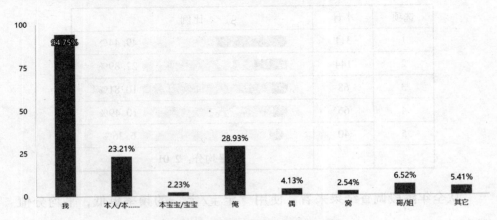

图 6.24　自称的使用偏好统计图

　　关于自称的使用偏好，结果显示使用第一人称代词"我"占据了绝对主流，其次是"俺"和"本人"。除已有选项外，受访者还补充了其他用于自称的"鄙人、瓦达西①、朕、爷、老子/老娘、真名、咱"等。

表 6.9　对医生的称呼方式选择倾向统计表

选项	小计	比例
医生、姓+医生	395	62.8%
大夫、姓+大夫	330	52.46%
直接用"你好/请问/打扰了"等	224	35.61%

　　上一次我们调查了对服务员称呼的使用情况，印证了当下对服务员普遍直呼"服务员"的语言事实。这次我们调查了对医生和护士的称呼情况。

　　不少学者表示"大夫"是"医生"的面称形式，"医生"是背称形

---

　　①　瓦达西：日语"我"的常见形式的音译。

式，然而一个语言事实却是：现实生活中，两者都有用作面称和背称的情况。

CCL 语料库显示，"医生"和"大夫"都作为面称的使用频率不相上下，背称多使用"医生"，也有少数用"大夫"作背称的情况。

［例1］二喜扑通跪在了她跟前，哭着喊："医生，救救凤霞，我要凤霞。"

（余华《活着》）

［例2］百和堂里有一个大夫，叫杨在春。

（欧阳山《三家巷》）

表 6.10　对护士的称呼方式选择倾向统计表

选项	小计	比例
医生、姓+医生	95	15.1%
大夫、姓+大夫	76	12.08%
护士、姓+护士	363	57.71%
直接用"你好/请问/打扰了"等	376	59.78%

表 6.9 中数据显示，当下将"医生"作为面称的使用率已超过了"大夫"，"医生"成为一个既可作背称也可作面称的称谓，且做面称不再只是偶尔"客串"，而是被较为普遍地使用了。

"护士"过去一般不作为当面的称呼语使用，所以一直有称谓缺位的问题。

CCL 语料库中，仅有的几条"护士"用作面称的语料，一般出现在翻译的外国文学作品中，只有一条是中国文学作品。因为过去并不认为护士是跟医生同等地位的职业，一般也就不会把"护士"当作一个尊称来使用。一直以来不管用"医生""大夫"还是用礼貌性零称谓来称呼护士，都是一种称谓的缺位补偿。

从表 6.10 中可以看到，除了零称谓仍是首选外，接近 60% 的受访人选择将"护士"直接作为面称使用。我们认为，这就类似于"服务员"经历了"面称——背称——面称"的曲折回归，如今"护士"也成为职业称谓中由背称进入面称的一员，并逐渐扩大使用面。其实，这恰恰体现了职业平等的观念逐渐深入人心。一个小小的社会语言学现象，体现出的是社会观念的进步。

（2）称谓语认知和评价分析

我们还调查了一些近年来新兴称谓语的认知度，并特意放进了一个历史词"小布尔乔亚"① 做对比。赋值区间为 1–5 分，"1 分为完全不了解，3 分为了解但不太使用，5 分为非常了解并使用"。

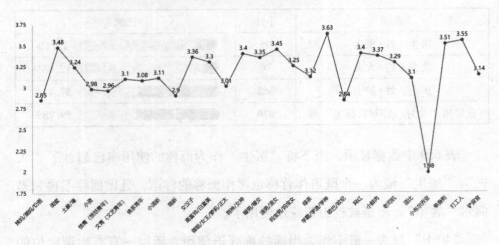

图 6.25　部分称谓语认知度调查结果统计图

从上图可以看出，这些称谓语中认知度最高的是"学霸、学渣"一组，其次是"打工人"和"单身狗"，再次是"闺密"，还有"网红""男

----

① 小布尔乔亚：译自俄语，小资产阶级的意思。

神/女神""渣男/渣女"这几组。"小布尔乔亚"的认知度最低,超过一半的受访者打了 1 分。这说明历史词除非"机缘巧合",像"土豪"那样重获新生,一般就随着历史洪流"雨打风吹去了"。"打工人"一词的使用度最高,33%的受访者给"打工人"打了 5 分。

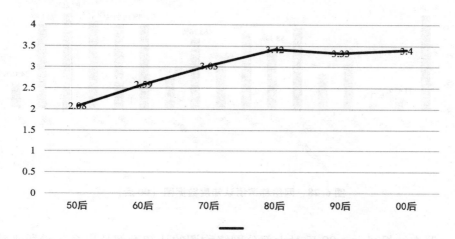

图 6.26　各年龄段称谓语认知度均分值折线图

由上图可见,80 后和 00 后对这些称谓语的认知度最高。

我们还调查了一些源自互联网或主要在网络语境中使用的称谓语的认知度。

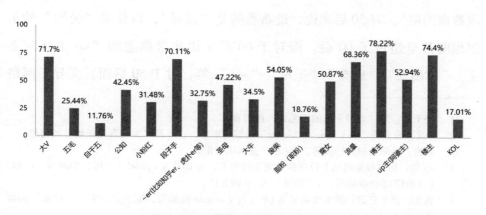

图 6.27　网络称谓语认知度数据图

上图中显示，认知度最高的网络称谓语依次是"博主""楼主""大V""段子手""流量"，认知度最低的是"自干五①""KOL②""脂粉（职粉）③"。再看00后的认知度则呈现出较大不同：

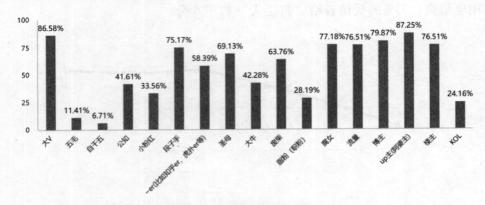

图6.28　网络称谓语认知度数据图（00后）

调查结果显示，00后对大部分网络称谓的认知度都超出全年龄段平均值，认知度最高的是"up主（阿婆主）④"，竟然超过了"大V"。对"腐女⑤"的认知度也远超平均值。这在一定程度上能反映00后的一部分网络生活构成。另外，数据显示，80后对"五毛"和"公知"的认知度远超平均值，90后对"废柴"的认知度远超其他年龄段（80后、90后此项数据图略）。对50后来说，最熟悉的是"流量"，以及对"公知"的了解程度甚至超过了00后。而对于00后来说非常熟悉的"up主（阿婆主）""腐女""废柴""圣母""～er"等，对于50后而言无异于网络

---

① 自干五：是"自带干粮的五毛党"的简称。
② KOL：是英语"Key Opinion Leader"的缩写形式，直译是"关键意见领袖"的意思。
③ 职粉：是职业粉丝的简称，"脂粉"是其谐音形式。
④ up主：指在视频网站上传视频音频文件的人，up即英文upload（上传）的缩写，故称。（《2017汉语新词语》）"阿婆"是up的音译。
⑤ 腐女：源于日语，指喜欢嗑男男CP（英文couple的缩写，原意是夫妻、一对儿）的群体和个人。

"黑话"，甚至闻所未闻。

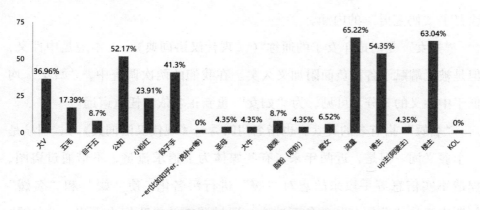

图 6.29　网络称谓语认知度数据图（50 后）

我们还调查了对部分称谓语感情色彩的认知（社会评价值）。赋值区间仍为 1-5 分，1 分为贬义，3 分为中性义，5 分为褒义。

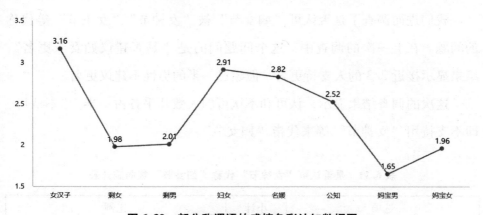

图 6.30　部分称谓语的感情色彩认知数据图

由上图清晰可见，社会评价值最高的是"女汉子"，超过中性义的 3 分，其他均未超 3 分，评价最低的是"妈宝男①"，只有 1.65 分。最近一

---

① 妈宝男：指以妈妈为中心，什么都听妈妈的男人。（《2019 汉语新词语》附录）

年内，一位 40 岁资深"妈宝男"在网络上蹦跶正欢，再一次向大众生动诠释了"妈宝男"的内涵。

"妇女"是对成年女子的通称（《现代汉语词典》），本应是中性义，但是被无端赋予各种负面附加义久矣。在我们的两次调查中，"妇女"均低于中性义的 3 分。可见，为"妇女"重新正名依然任重道远。

"名媛"指有名的美女，也指名门闺秀（《现代汉语词典》），明显是一个褒义词。但是，近两年来，有些媒体为了追求流量，不惜通过盗图、捏造不实信息等手段来故意对"媛"进行污名化，使"媛"和"名媛"短期内遭受"莫须有"的负面冲击。通过调查结果我们也看出，"名媛"确实已经陷入了遭遇负面评价的困境。

50 后对"妇女"和"名媛"的评价值均高于 3 分，说明他们对这两个称谓依然有较传统的认知。

我们进而调查了是否认可"妇女节"被"女神节""女王节"等代称的问题。在上一次的调查中，这个问题问的是"是否建议妇女节更名"，结果显示接近 2/3 的人支持更名，但超过一半的男性不建议更名。

这次的调查结果显示，认可和不认可的人数几乎各占一半。"不认可"即不支持用"女神节"等来代指"妇女节"。

表 6.11　是否认可"女神节"代称"妇女节"意向统计表

选项	小计	比例	
否，不认可	312		49.6%
是，认可	317		50.4%

这其中，超过 60% 的男性选择"不认可"，超过 55% 的女性选择认可。数据见下图。

从不同年龄段的选择来看，50 后和 00 后最不认可。50 后多是因为对

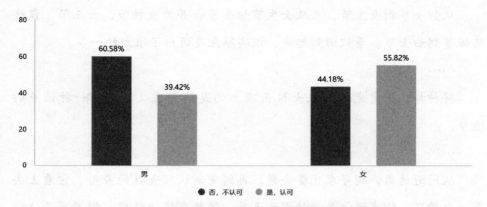

图 6.31　男性和女性对"妇女节"名称的接受度差异对比图

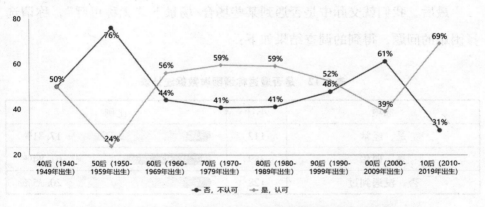

图 6.32　各年龄段对"妇女节"名称的接受度差异对比图

"妇女"的传统认知变化不大，况且 50 后的少年时期，正是"妇女能顶半边天"的口号响彻中国的时候。还有对新鲜事物的接受度较慢的原因，导致他们不太接受"女神节""女王节"这种叫法。00 后的不认可，显然不是因为对新事物接受度低的问题，而是因为他们逐渐认识到"女神节""女王节"这些名称由来的根源，一是消费主义作祟，二是"妇女"曾经长期被赋予的负面隐形义素太多。2022 年妇女节前夕，网络媒体平台上有博主这样说道：

从妇女节到女生节，又从女生节妇女节合并为女神节，女王节，最终又恢复到妇女节。看似回到起点，但实际上是迈出了很大的一步。

……

将神格、王室光环戴在女性头顶上的是消费主义，这是一种偏差的进步。

……

从闪避逃离，到寻求代餐安慰，再到重新认可女性的身份。它看上去是一个循环，但实际上是一种螺旋上升。依然在这一纬度，但不再是这一高度。[①]

最后，我们就交际中是否遇到某些场合/场景下"无称可呼"，称谓选择困难的问题，得到的调查结果如下：

表6.12 是否遭遇称谓困境数据统计表

选项	小计	比例
是，经常	112	17.81%
是，偶尔	389	61.84%
否，没遇到过	128	20.35%

由表6.12可见，在日常交际中，遭遇称谓困境依然是个普遍存在的问题。

三、小结

我们从社会语言学的视角，通过两次问卷调查，证实了现代汉语称谓缺位问题一直存在。在一种语言中，使用礼貌性零称谓作为首选的称呼方式，不见得是值得肯定的语言现象。新的全社会认可的通称的出现还有待

---

① 全文见 https：//m. weibo. cn/status/4744457909961998 。

时日，我们预测"先生"和"女士"具有全民性的潜质。对于"美女""亲""宝宝""姐妹（们）""家人（们）"等称谓的"你方唱罢我登场"，我们一直持客观正面的态度。

拟亲属称谓在社会称谓系统中的"江湖地位"依然不可动摇，并在网络语境中出现了"姐妹""兄弟""家人（们）"等诸多变体，成为90后、00后的交际首选。这说明在汉语称谓选择的心理层面，"尊敬度"和"亲近度"缺一不可，视交际语境而定，而在网络交际语境下，"亲近度"占了上风，把实际上的"陌生人交际"通过拟亲属称谓变成了相当于熟人社会的语义场。

两次问卷调查，在取得一定研究成果的同时，也有一些小小的遗憾。如关于自称的题目设计和调查结果，两次都不尽如人意；关于姓名称谓在日常交际中的使用度未能准确体现等。如条件允许，我们将继续优化问卷设计，并尝试进行样本容量更大的社会语言学调查，以取得信度和效度更高的学术数据支撑。

第七章 结 论

一、研究成果

（一）称谓历时变化的特点和规律

1. 语言内部特点和规律

（1）社会称谓的历时变化，不只是新旧称谓更替那么简单，还有义项迁移、语义泛化、感情色彩附加义变化等，如"技师""讲师"的义项迁移、"吃货""白骨精"的附加义变化、"大叔"指称年龄的泛化等。

（2）新兴称谓语为现代汉语词汇系统新增和发展了为数众多的类词缀，如"族、粉、党、哥、姐、男、女、二代、帝"等，促进了语言的内部发展，增强了现代汉语的活力。

（3）从晚清时期至今，汉语一直在吸收外来词充实社会称谓系统，包括英语、日语、法语、俄语、韩语、葡萄牙语等语言的称谓语，或音译或意译，如"总统、干部、草根、粉丝"等，每个借称的出现，又与其当时社会背景密切相关。

（4）群称"~族、~军、~党"等只是语义层面的复数形式，并不是语法化的复数标记。

2. 语言外部特点和规律

（1）汉语社会称谓的缺位问题贯穿至今，并将长期存在。

当前的通称缺位问题主要靠零称谓手段来解决。性别称谓缺位问题靠性别"错"指、加前缀"男/女"构成新称谓等方式来补偿。如"女汉子""男闺蜜"等。

（2）历史称谓和新兴称谓不是静态不变的，是动态相对的。

纵观各个历史时期，历史称谓和新兴称谓都是相对而言的，并可能交叠出现。比如"土豪"，新义项的出现使其从历史称谓"摇身一变"，进入新兴称谓的行列。再如"红卫兵"，在当时是新称谓，现在则是地道的历史称谓，"万元户""倒爷"等也是如此。哪怕是互联网时代初期产生的新称谓，如"网虫""恐龙"等，如今也已具有"历史感"。

（3）互联网时期的新兴称谓，很多目前还不具备全民普及性。

如"辣妈""大V"等，并不是"妇孺皆知"。

（4）每个时期的新兴称谓都具有不同的生命力。

有的具有高稳定性，有从一般词汇向基本词汇靠拢的趋势，并被《现代汉语词典》收录，如"宅男、宅女、小三、闺蜜"等；有的只是"昙花一现"，如"高姐"，指高铁上的女乘务员，仿"空姐"而出，并没有被推广使用开来。"中国大妈"这样的专称曾火遍全球，最终也只是与2013年的国际黄金市场高度捆绑，迅速"过气"。

（5）媒体的影响力不容小觑。

从外力来看，主流媒体，特别是电视媒体对称谓语传播和流行的影响仍然较大。如1994年的春晚使"伙计"这一方言称呼全国皆知；一部《甄嬛传》令"臣妾""本宫""小主"等历史词成为高频词；"大V"从线上到线下广为人知，则是拜"薛蛮子事件"所赐；如果没有《中国好声音》，我们也不会知道还有"音乐导师"。

（6）受政治外力影响产生或流行的称谓，生命力都不强。

如"同志"在建国初期的风头无两，不是语言内部自然规律产生的结果，而是政治外力的推动。所以"同志"如今风光不再，迅速衰微，还产生了新的语义指向。再如"失足妇女"，也是官方提出的，民间一直接受度偏低。有一个例外是"农民工"对"民工"的替代，反映出强大的社会宽容心理和平等观念越来越深入人心的作用。

（7）言语交际中称谓（面称）的使用度和接受度，受到性别、年龄等因素的影响。

如50后依然普遍使用"师傅"，"亲"是80后女性的偏爱，"宝宝"则是00后女生的偏爱。此外还受到地域、受教育程度、职业等因素的影响。如广东地区偏好"靓女/靓仔"和"老板"，新疆地区则偏好"美女/帅哥"。

另外，交际双方的熟悉程度与否，也会影响称谓使用的选择。

（8）拟亲属称谓的泛用是汉语社会称谓系统的特色。

具有中国特色的拟亲属称谓，是言语交际中礼貌性零称谓之外的另一个最佳选择。不仅适用于称呼年长者，年轻人如90后、00后也乐于使用"哥/姐""姐妹/兄弟""家人（们）"这样的泛亲属称谓。

（9）新称谓传播普及进程加快。

典型的就是2013年的"女汉子""土豪""小伙伴"。之前，一个称谓从出现到被从小众到大众的接受和认可，需要一两年或几年的时间，而2013年这几个称谓语的普及速度，可谓火箭速度，只用了一两个月甚至短短数周。这与新媒体的传播力密切相关。再如"家人（们）"，受到直播行业近几年热度大的加持，在线上传播开来也只用了极短的时间。

（10）权势和同等语义原则对称谓系统交替支配。

从权势和同等语义原则来看，在互联网时期之前，每个时期最受青睐和使用度最高的通称，一定是该称呼的本义"地位"数一数二，当时最受认可的尊称，是每个时期的 V 形最高形式。如建国初期的"同志"和"文革"时期的"师傅"。到了互联网时期，情况发生变化，T 形和 V 形共存，出现"美女""亲""家人（们）"等典型 T 形的称谓。

（二）动因

（1）"语言与社会共变"。社会称谓语的历时演变，是对这句语言学名言的绝佳印证。现代汉语的社会称谓语，很多具有浓厚的时代标签性，或曰具有某一历史时期的隐性义素。如"右派"不只是称谓问题，还是"帽子"问题，是立场问题；如今的"北漂""蚁族"等，则反映了一些社会群体的生存困境问题。

（2）权势与同等语义原则具有普适性，不仅支配代词称谓系统，同样支配名词称谓系统。一般来讲，每个称谓都可解读为 V 形语义或 T 形语义，有的甚至具有"V+T"语义。

（3）民族文化和社会心理因素对称谓的选择和使用具有强大的支配力。

在中国，我们不能否认"官本位"这一普遍心理暗示对社会各方面的影响，包括对语言，进而对社会称谓语的影响。在社会交际中，如果对方同时具有职务、职称等头衔，在一般语境下，说话人首选的称谓一定是职务称谓。

二、预测和展望

1. 对社会称谓系统发展的语言学预测

"老师"目前还没有成为全民范围使用的通称，但使用范围不断泛化，有较强的生命力。

"先生"仍是通称里尊称意味最强的称谓，而一段时期内对应的缺位问题仍然存在，"女士"和"小姐"都不能在短期内上升到与"先生"具有对称的感情色彩和同等的语言地位。

"女士"作为面称的使用度会继续增加。

"亲"作为通称，在一段时期内仍将被持续使用，但使用范围已经固化，基本限于 70 后和 80 后女性。

"哥/姐"这样的拟亲属称谓作为面称，突破了年龄和性别的限制，使用范围会越来越大。

在很长一段时期内，礼貌性零称谓仍将是解决称谓缺位问题的首选，其次是拟亲属称谓的泛用。

互联网是强大的新兴社会称谓语产生和传播的载体。需要理性看待网络语言对现代汉语产生的影响。

同等原则会比权势原则产生更大的支配力量。

2. 研究展望

本书并不是社会称谓历时研究的终点。我们希望在各方面条件允许的情况下，能将社会称谓的历时研究和共时研究共同推进下去，并且不限于现代汉语语料文本，可进而追溯到宋元时期的古代白话文本。

在以后的研究中，我们希望能进行样本容量更大、样本多样性更强的问卷调查，以获得效度和信度更高的数据支撑。

附录 1　调查问卷样卷 1（2014 年）

社会称谓语认知及使用情况调查

尊敬的女士/先生：

非常感谢您花费宝贵时间参与此项调查。这是一份有关学术研究的、好玩有趣的调查问卷，以不记名方式填写。对问卷中的问题每人都有不同的看法，故答案没有对错好坏之分，您尽可以按照您的真实想法回答以下问题。本研究若能顺利完成，仰仗您的支持协助，在此表示衷心感谢！

1. 您的性别？（单选题 ＊必答）

○ 男

○ 女

2. 您的年龄？（单选题 ＊必答）

○ 90 后

○ 80 后

○ 70 后

○ 60 后

○ 50 后

○ 40 后

3. 您的受教育程度是?(单选题 *必答)

○ 初中及以下

○ 高中

○ 大专

○ 本科

○ 硕士及以上

4. 您所在的城市是?(下拉填空题 *必答)

(选项略)

5. 您的职业/身份是?(单选题 *必答)

(选项略)

6. 您的学科背景是?(单选题 *必答)

(选项略)

7. 与同龄陌生人打招呼,您倾向于使用以下哪几种称谓?(最多选 3 项)(多选题 *必答)

□ 先生/女士/小姐

□ 师傅

□ 老板

□ 老师

□ 同学

□ 同志

□ 帅哥/美女

□ 亲

□ 用"你好,请问,打扰"等代替

□ 靓仔/靓女

8. 与年长于自己的陌生人打招呼，您倾向于使用以下哪几种称谓？（最多选3项）（多选题 ∗必答）

□ 先生/女士/小姐

□ 师傅

□ 老板

□ 老师

□ 叔叔/阿姨、大叔/哥/爷/姐/妈等

□ 老先生/前辈/老人家

□ 同志

□ 亲

□ 用"你好，请问，打扰"等代替

9. 遇到陌生人与您打招呼，您倾向于接受以下哪几种称谓？（可多选）（多选题 ∗必答）

□ 同志

□ 师傅

□ 老师

□ 先生/女士/小姐

□ 同学

□ 大叔/大妈/大哥/大姐 等

□ 老板

□ 帅哥/美女

□ 靓仔/靓女

□ 亲

□ 用"你好，请问，打扰"等代替

10. 熟人（同学/同事/朋友等）之间，您会使用以下这些称谓吗？（5分为经常使用，1分为从不使用）（打分题 请填1-5数字打分 ＊必答）

（选项略）

11. 关于自称，在网络社交平台，您会使用以下哪几种称谓用于自称？（可多选）（多选题 ＊必答）

（选项略）

12. 在餐厅吃饭时，您一般会如何称呼服务员？（多选题 ＊必答）

☐ 先生/小姐

☐ 美女/靓女

☐ 服务员

☐ waiter/waitress

☐ 其他

13. 您是否了解"同志"一词有时指"男同性恋"？（单选题 ＊选答）

（选项略）

14. 接上题，您是否了解"玻璃""基友"和"拉拉""蕾丝"用于指男/女同性恋？（单选题 ＊选答）

（选项略）

15. 您是否了解并使用以下称谓语？（5分为了解并使用，1分为完全不了解）（打分题 请填1-5数字打分 ＊必答）

（选项略）

16. 下列源自或主要使用于网络的称谓语，您了解哪些？（多选题）

（选项略）

17. 您认为下列词语目前在社会认知上的感情色彩是？（5分为褒义，1分为贬义，3分为中性义）（打分题 请填1-5数字打分 ＊必答）

（选项略）

18. 您是否建议"妇女节"更名？（多选题 ＊必答）

（选项略）

19. 如果一定让您在"女士"和"小姐"中选择一个使用或被使用，您倾向于？（单选题 ＊必答）

　　○ 女士

　　○ 小姐

20. 您是否在某些场合遇到过"无称可呼"、称谓选择困难、不知该如何称呼对方这种情况？（单选题 ＊必答）

　　○ 是，经常

　　○ 是，偶尔

　　○ 否，没遇到过这种情况

附录 2 调查问卷样卷 2（2022 年）

社会称谓语的认知与使用情况调查

尊敬的女士/先生：

您好！非常感谢您花费宝贵的时间参与此项调查。

这是一份有关社会语言学的、有趣的学术调查问卷，以不记名方式填写。对问卷中的问题，每个人都有不同的看法，故答案没有对错好坏之分，您尽可以按照您的真实想法回答这些问题。

此调查若能顺利完成，仰仗您的支持与帮助，在此表示衷心感谢！

（答完全部题目共需约 5-6 分钟）

1. 请问您的性别是：［单选题］

○男

○女

2. 请问您的年龄是：［单选题］

○40 后（1940—1949 年出生）

○50 后（1950—1959 年出生）

○60后（1960—1969年出生）

○70后（1970—1979年出生）

○80后（1980—1989年出生）

○90后（1990—1999年出生）

○00后（2000—2009年出生）

○10后（2010—2019年出生）

3. 与同龄的陌生人打招呼，您经常使用以下哪几种称谓？（最多选5项）[多选题]

□先生/女士/小姐

□师傅

□老师

□老板

□同志

□同学

□亲/亲爱的

□帅哥/美女

□靓仔/靓女

□直接用"你好/请问/劳驾/打扰了"等

□小姐姐/小哥哥

□姐妹/兄弟

□宝宝/宝/宝子

□朋友

□家人（们）

□老铁（们）

4. 与年长于自己的陌生人打招呼，您经常使用以下哪几种称谓？（最

多选 5 项）[多选题]

（选项略）

5. 遇到陌生人与您打招呼，您比较接受以下哪几种称谓？（可多选）
[多选题]

　　□先生/女士/小姐

　　□师傅

　　□老师

　　□老板

　　□同志

　　□同学

　　□帅哥/美女

　　□亲/亲爱的

　　□直接用"你好/请问/劳驾/打扰了"等

　　□靓仔/靓女

　　□叔叔/阿姨、大叔/大妈/大爷/大哥/大姐等

　　□小姐姐/小哥哥

　　□哥/姐、＊哥/＊姐

　　□姐妹/兄弟

　　□朋友

　　□宝宝/宝/宝子

　　□家人

6. 现实生活中（包括微信聊天），熟人（老师/同学/同事/朋友/家长
等）之间，您经常使用的称谓是：（多选）[多选题]

　　（选项略）

7. 网上冲浪时，您经常使用的称谓是：（多选）[多选题]

（选项略）

8. 微信聊天时，您使用"亲"的频率是：（5分为使用特别频繁，4分为经常使用，3分为偶尔使用，2分为极偶然使用，1分为从不使用）［单选题］

○1   ○2   ○3   ○4   ○5

9. 微信聊天时，您使用"宝宝/宝"的频率是：（5分为使用特别频繁，4分为经常使用，3分为偶尔使用，2分为极偶然使用，1分为从不使用）［单选题］

○1   ○2   ○3   ○4   ○5

10. 关于自称，您经常使用以下哪些用于自称（最多选3项）：［多选题］

（选项略）

11. 见到医生，您一般用什么称呼？［多选题］

□医生、姓+医生

□大夫、姓+大夫

□直接用"你好/请问/打扰了"等

12. 见到护士，您一般用什么称呼？［多选题］

□医生、姓+医生

□大夫、姓+大夫

□护士、姓+护士

□用"你好/请问/打扰了"等

13. 您是否了解并使用过以下称谓语？（1分为完全不了解，3分为了解但不太使用，5分为非常了解并使用）［矩阵量表题］

（选项略）

14. 以下源自互联网或主要在网上使用的称谓语，您了解哪些？（可多

选）[多选题]

（选项略）

15. 您认为下列称谓语目前在社会认知上的感情色彩是？

（1分为贬义，3分为中性义，5分为褒义）[矩阵量表题]

（选项略）

16. 您是否认可用"女神节""女王节"等代称"妇女节"的做法？[单选题]

○否，不认可

○是，认可

17. 您是否遇到过在某些场合/场景下"无称可呼"，称谓选择困难，不知该如何称呼对方的情况？[单选题]

○是，经常

○是，偶尔

○否，没遇到过

主要参考文献

［1］Brown R. W., A. Gilman. The Pronouns of Power and Solidarity ［J］. American Anthropologist. 1960.

［2］Chao Y R., Chinese Terms of Address ［J］. Language, 1956, 32 （1）：217-241.

［3］E. Dickey., Forms of Address and Terms of Reference ［J］. Journal of Linguistic Anthropology. 1997.

［4］Fasold. R., The Sociolinguistics of Language ［M］. Beijing：Foreign Language Teaching and Research Press, 2000.

［5］Yan Huang, Pragmatics ［M］. Foreign Language Teaching and Research Press, Oxford University Press, 2009.

［6］安志伟. 现代汉语指人名词研究 ［D］. 山东师范大学, 2010.

［7］曹国军. 汉语社会称谓变迁的文化心理考察 ［J］. 郧阳师范高等专科学校学报. 2002 （04）.

［8］曹炜. 现代汉语中的称谓语和称呼语 ［J］. 江苏大学学报（社会科学版）. 2005 （02）.

［9］曹炜. 现代汉语词义学 ［M］. 上海：学林出版社, 2011.

［10］陈翠珠. 汉语人称代词考论 ［D］. 华中师范大学, 2009.

227

[11] 陈光磊主编，陶炼，贺国伟，陈光磊，彭增安. 改革开放中汉语词汇的发展 [M]. 上海：上海人民出版社，2008.

[12] 陈建民. 现代汉语称谓的缺环与泛化问题 [J]. 汉语学习. 1990 (01).

[13] 陈丽萍. 说"农民工"与"民工" [J]. 现代语文（语言研究版). 2006 (07).

[14] 陈松岑. 礼貌语言初探 [M]. 北京：商务印书馆，1989.

[15] 陈松岑. 北京城区两代人对上一辈非亲属使用亲属称谓的变化 [J]. 语言研究. 1984 (02).

[16] 陈松岑. 社会语言学导论 [M]. 北京：北京大学出版社，1985.

[17] 陈松岑. "文革"语体初探 [J]. 中国语文，1998 (03).

[18] 陈晓霞，栗君华. 小议"美女"称谓泛化及其使用中的局限性 [J]. 现代语文，2007 (08).

[19] 陈毅平.《红楼梦》称呼语研究 [D]. 武汉大学，2004.

[20] 陈原. 社会语言学 [M]. 上海：学林出版社，1983.

[21] 陈月明. 现代汉语社交称谓系统及其文化印记 [J]. 汉语学习. 1992 (02).

[22] 陈振江，江沛主编. 中国历史·晚清民国卷 [M]. 北京：高等教育出版社，2003.

[23] 崔希亮. 人称代词及其称谓功能 [J]. 语言教学与研究. 2000 (01).

[24] 崔希亮. 现代汉语称谓系统与对外汉语教学 [J]. 语言教学与研究. 1996 (02).

[25] 崔希亮. 汉语称谓系统的嬗变及其动因 [C]. 第六届国际汉语教学讨论会论文选. 1999.

［26］崔显军. 试论汉语面称使用中的若干策略［J］. 语言文字应用. 2009（02）.

［27］戴庆厦. 社会语言学概论［M］. 北京：商务印书馆，2004.

［28］戴晓雪. 汉语称呼中的"代位"现象研究［D］. 上海师范大学，2007.

［29］戴云. 现当代称谓词的时代变迁及其成因考察［J］. 学术交流. 2005（04）.

［30］（德）郎宓榭，阿梅龙，顾有信. 赵兴胜等译. 新词语新概念：西学译介与晚清汉语词汇之变迁［M］. 济南：山东画报出版社，2012.

［31］邓玉娜. 大清历史新闻光宣卷［M］. 郑州：中州古籍出版社，2008.

［32］丁安仪. 当代中国社会关系称谓［J］. 河南师范大学学报（哲学社会科学版），2001（06）.

［33］董为光. 汉语词义发展基本类型［M］. 武汉：华中科技大学出版社，2004.

［34］樊小玲，胡范铸，林界军，马小玲. "小姐"称呼语的语用特征、地理分布及其走向［J］. 语言文字应用. 2004（04）.

［35］高虹. 流行词语看中国1978—2008［M］. 成都：四川文艺出版社，2008.

［36］高剑华. 新中国成立以来社会称谓语的变化与发展［J］. 大连民族学院学报. 2008（10）.

［37］葛本仪. 汉语词汇研究［M］. 济南：山东教育出版社，1985.

［38］关捷. 中日甲午战争全史［M］. 长春：吉林人民出版社，2005.

［39］桂诗春，宁春岩. 语言学方法论. 北京：外语教学与研究出版社，1997.

［40］果娜. 建国十七年政治运动与社会称谓研究［D］. 山东大学，2005.

［41］果娜. 中国古代婚嫁称谓词研究［D］. 山东大学，2012.

［42］郭继懋. 常用面称及其特点［J］. 中国语文. 1995（02）.

［43］郭熙. 当前社会称谓缺位现象小议［J］. 语文建设. 1997（09）.

［44］郭熙. 面向社会的社会语言学：理想与现实［J］. 语言文字应用. 2005（3）.

［45］郭熙. 中国社会语言学研究的现状与前瞻［J］. 江苏社会科学. 2002（5）.

［46］郭熙. 中国社会语言学（第3版）［M］. 北京：商务印书馆，2013.

［47］郭孝成.《中国革命纪事本末》［M］. 北京：商务印书馆，2011.

［48］汉语大词典编辑委员会 汉语大词典编纂处. 汉语大词典（第八卷）［M］. 上海：汉语大词典出版社，1991.

［49］韩志刚. 汉语社会面称语的语用选择机制［A］. 第七届国际汉语教学讨论会论文选［C］. 2002.

［50］韩志刚. 现代汉语社会面称语的组合规则及其功能［J］. 汉语学习. 2001（01）.

［51］何洪霞. 社交称谓语界定及其特征分析［J］. 鞍山师范学院学报. 2011（01）.

［52］何晓明. 晚清那些人和事［M］. 上海：东方出版中心，2003.

［53］洪成玉. 谦词敬词婉词词典（增补本）［M］. 北京：商务印书馆，2010.

［54］侯敏，周荐主编. 2007汉语新词语［M］. 北京：商务印书馆，2008.

［55］侯敏，周荐主编. 2008 汉语新词语［M］. 北京：商务印书馆，2009.

［56］侯敏，杨尔弘主编. 2011 汉语新词语［M］. 北京：商务印书馆，2012.

［57］侯敏，邹煜主编. 2012 汉语新词语［M］. 北京：商务印书馆，2013.

［58］侯敏，邹煜主编. 2013 汉语新词语［M］. 北京：商务印书馆，2014.

［59］侯敏，邹煜主编. 2014 汉语新词语［M］. 北京：商务印书馆，2015.

［60］侯敏，邹煜主编. 2015 汉语新词语［M］. 北京：商务印书馆，2016.

［61］侯敏，邹煜主编. 2016 汉语新词语［M］. 北京：商务印书馆，2017.

［62］胡剑波. 冒犯称谓语研究［D］. 上海外国语大学，2008.

［63］胡明扬. 书面称谓和礼仪用语［M］. 北京：外语教学与研究出版社，2011.

［64］胡明扬. 胡明扬语言学论文集（增订本）［M］. 北京：商务印书馆，2011.

［65］胡士云. 汉语亲属称谓研究［D］. 暨南大学，2001.

［66］华东师范大学中国当代史研究中心编. 中国当代民间史料集刊（一）河北冀县门庄公社门庄大队档案［M］. 上海：东方出版中心，2009.

［67］黄南松. 非教师称"老师"的社会调查［J］. 语言教学与研究. 1988（04）.

［68］吉常宏. 谦称和敬称——正确使用称谓词之二［J］. 语文建设.

2001 (04).

[69] 吉常宏. 口头称谓和书面称谓——正确使用称谓词之四 [J]. 语文建设. 2001 (06).

[70] 吉常宏. 汉语称谓大词典 [M]. 石家庄：河北教育出版社，2001.

[71] 贾娇燕.《醒世姻缘传》社会称谓研究 [D]. 山东大学，2008.

[72] 姜德军，道尔吉. 汉语社交称谓语"先生"的古今嬗变 [J]. 内蒙古社会科学，2004，25 (06).

[73] 江诗鹏. 泰国学习者汉语社会面称语使用状况研究 [D]. 北京大学，2013.

[74] 旷晨，潘良. 我们的 1980 年代 [M]. 北京：中国友谊出版公司，2006.

[75] 李成军."小姐"称呼语的泛化及其他 [J]. 桂林市教育学院学报，2001 (01).

[76] 李明洁. 唯技是尊谈"师傅"——流行称呼语透视之四 [J]. 咬文嚼字. 1997 (07).

[77] 李明洁. 称呼语的运用规则和协调理论 [J]. 汉语学习. 1996 (04).

[78] 李明洁. 泛尊称选用在社会转型背景下的解释——上海泛尊称使用状况的社会调查报告 [J]. 语言文字应用. 1996 (04).

[79] 李明洁. 千呼万唤 风云际会——漫谈 50 年来的社会变革与称谓变迁 [J]. 语文建设. 1999 (02).

[80] 李明洁. 现代汉语称谓系统的分类标准与功能分析 [J]. 华东师范大学学报（哲学社会科学版）. 1997 (05).

[81] 李思敬. 50 年来的"社会称谓"变迁杂忆 [J]. 语文建设.

1996（09）.

［82］李树新. 现代汉语称谓词与中国传统文化［J］. 内蒙古社会科学（文史哲版）. 1990（03）.

［83］李树新. 论汉语称谓的两大原则［J］. 内蒙古大学学报（人文. 社会科学版）. 2004（05）.

［84］李树新. 论汉语称谓的困境与缺环［J］. 内蒙古社会科学（汉文版）. 2004（06）.

［85］李晓静. 现代社会称谓语的分类及使用情况分析［J］. 职大学报. 2007（01）.

［86］李晓静. 现代汉语称谓系统研究初探［J］. 语文学刊. 2007（06）.

［87］李雪梅. 五四以来社会"通用"称谓语研究［D］. 四川外国语大学，2013.

［88］刘丹青. 亲属关系名词的综合研究［J］. 语文研究. 1983（04）.

［89］刘丹青.《红楼梦》姨类称谓的语义类型研究. 中国语文. 1997（04）.

［90］刘丹青. 一本好而切题的社会语言学著作--读郭熙著《中国社会语言学》［J］. 语言文字应用. 2001（3）.

［91］刘海花. 新兴社会称谓语"美女""帅哥"调查研究［D］. 沈阳师范大学，2011.

［92］刘海润，亢世勇主编. 新词语10000条［M］. 上海：上海辞书出版社，2012.

［93］刘宏丽. 明清敬谦语研究［D］. 山东大学，2009.

［94］刘艳. 深、宁、济、合四城市职业群体招呼语使用调查［J］. 语言文字应用. 2011（2）.

[95] 刘燕华，周谊，林菁主编. 新词语速查手册［M］. 长沙：湖南科学技术出版社，2009.

[96] 刘永厚. 汉语称呼语的研究路向综观［J］. 语言文字应用. 2010（03）.

[97] 龙又珍. 现代汉语寒暄系统研究. 北京：中国社会科学出版社，2011.

[98] 楼峰. 汉语"通用"社交称谓语的语义研究［D］. 浙江大学，2007.

[99] 罗常培. 语言与文化［M］. 北京：语文出版社，1989.

[100] 马宏基，常庆丰. 称谓语［M］. 北京：新华出版社，1998.

[101] 马丽.《三国志》称谓词研究［D］. 复旦大学，2005.

[102] 马丽. 汉语称谓研究十年（节选）［J］. 现代语文（语言研究版）. 2005（12）.

[103] 马鸣春. 称谓修辞学［M］. 西安：陕西人民出版社，1992.

[104] 么孝颖. 称谓语＝称呼语吗？——对称谓语和称呼语的概念阐释［J］. 外语教学. 2008（04）.

[105] 孟万春. 汉语交际中零称谓语现象解析［J］. 宁夏大学学报（人文社会科学版）. 2010（05）.

[106] 潘攀. 论亲属称谓语的泛化［J］. 语言文字应用. 1998（02）.

[107] 潘文，刘丹青. 亲属称谓在非亲属交际中的运用［J］. 南京师大学报（社会科学版）. 1994（02）.

[108] 裴昕月. "同志"义在现代汉语史上的演变［J］. 赤峰学院学报（汉文哲学社会科学版）. 2007（02）.

[109] 彭建武. 汉语称谓变异的动因及表现形式［J］. 西华师范大学学报（哲学社会科学版）. 2010（06）.

[110]（清）梁章钜. 称谓录［M］. 天津：天津市古籍书店，1987.

[111] 曲婧华. 称呼的语用研究［J］. 解放军外国语学院学报. 1999（02）.

[112] 邵敬敏. "美女"面称的争议及其社会语言学调查［J］. 语言文字应用. 2009（04）.

[113] 沈小仙. 古代官名的语言研究［D］. 浙江大学，2005.

[114] 施新. 社会转型期环境下的称谓语研究［J］. 江西社会科学. 2006（05）.

[115] 史有为. 汉语外来词（增订本）［M］. 北京：商务印书馆，2013.

[116] 宋子然，杨小平. 汉语新词新语年编（2009-2010）［M］. 成都：巴蜀书社，2011.

[117] 孙维张. 汉语社会语言学［M］. 贵阳：贵州人民出版社，1991.

[118] 唐德刚. 晚清七十年（3）甲午战争与戊戌变法：作品集 3［M］. 台北：台湾远流出版社，1998.

[119] 田惠刚. 中西人际称谓系统［M］. 北京：外语教学与研究出版社，1998.

[120] 田正平，章小谦. "老师"称谓源流考［J］. 浙江大学学报（人文社会科学版）. 2007（03）.

[121] 汪美琼，陆金金. "帅哥"和"美女"的使用状况与文化内涵［J］. 黄石理工学院学报（人文社会科学版）. 2010（05）.

[122] 王娥，扬清. "老师"称谓的历史演变［J］. 内蒙古社会科学（汉文版）. 2005（03）.

[123] 王火，王学元. 汉语称谓词典［M］. 沈阳：辽宁大学出版

社，1988.

［124］王琪. 上古汉语称谓研究［D］. 浙江大学，2005.

［125］王晟主编. 流行新词语［M］. 北京：金盾出版社，2007.

［126］温锁林，宋晶. 现代汉语称谓并用研究［J］. 语言文字应用.
2006（03）.

［127］吴海林编. 中国古今称谓全书［M］. 哈尔滨：黑龙江教育出版
社，1991.

［128］吴慧颖. 建国以来拟亲属称呼的变化［J］. 语文建设. 1992
（12）.

［129］武晓丽. 汉语核心词"人"研究［D］. 华中科技大学，2011.

［130］谢忠春. 社会语言学视角下的汉语通称称谓语研究［J］. 新余
学院学报. 2013（02）.

［131］新周刊. 锐词 2010-2012［M］. 北京：现代出版社，2013.

［132］许善斌. 证照中国 1949-1966［M］. 北京：华文出版社，2007.

［133］徐小婷. 晚清四大谴责小说称谓词语研究［D］. 山东大
学，2009.

［134］徐小婷. 全媒体时代汉语称谓词语的发展及其社会舆情视角探
析［J］. 现代传播. 2016（04）.

［135］新周刊主编. 民国范儿［M］. 桂林：漓江出版社，2013.

［136］严昌洪. 辛亥革命与二十世纪中国社会［M］. 武汉：湖北长江
出版集团、湖北人民出版社，2008.

［137］杨红. 现代汉语关系名词研究［D］. 华中师范大学，2013.

［138］姚亚平. 现代汉语称谓系统变化的两大基本趋势［J］. 语言文
字应用. 1995（03）.

［139］羿翀. 改革开放以来的社会通称用语研究［D］. 湘潭大

学，2007．

［140］ （英）戴维·克里斯特尔编，沈家煊译．现代语言学词典
［M］．北京：商务印书馆，2000．

［141］俞理明．汉语词"博士"的外借和返借［J］．西南民族学院学
报（哲学社会科学版）．2001，22（05）．

［142］俞理明．词汇历史研究中的宏观认识［J］．江苏大学学报（社
会科学版）．2008，10（03）．

［143］俞理明．"娘"字小考［J］．汉语史学报．2002（01）．

［144］俞理明．"先生"古今谈——兼论汉语词汇发展中核心义对词
义蜕变的纠正作用．汉语史研究集刊（6）．成都：巴蜀书社，2003．

［145］余华，刘楚群．群体确称语问题研究［A］．江西省语言学会
2006年年会论文集［C］．2006．

［146］袁庭栋．古人称谓漫谈［M］．北京：中华书局，1994．

［147］张积家，陈秀芹．"老外"究竟意味着什么？［J］．语言文字应
用．2008（01）．

［148］张积家，陈俊．汉语称呼语概念结构的研究［J］．语言文字应
用．2007（02）．

［149］张莉萍．称谓语性别差异的社会语言学研究［D］．中央民族大
学，2007．

［150］张林玲．权势与同等：师生称呼语的社会语言学研究．外语艺
术教育研究．2007（03）．

［151］张龙虎．古今称谓漫话［M］．北京：华夏出版社，1987．

［152］张普，石定果．论历时中包含有共时与共时中包含有历时［J］．
语言教学与研究，2003（03）．

［153］张维耿．漫话中国大陆五十年间称谓语的变化［J］．暨南大学

华文学院学报. 2003（02）.

［154］赵亮. 试论"语言是社会的镜像"——称呼语的社会语言学分析［J］. 西安外国语学院学报. 2003（04）.

［155］赵英玲. 论称呼语的社交指示功能［J］. 东北师大学报. 1997（01）.

［156］郑尔宁. 近二十年来现代汉语称谓语研究综述. 语言学刊, 2005（02）.

［157］郑尔宁. 现代汉语称谓名词义征研究［D］. 南京师范大学, 2006.

［158］郑献芹. 近十年来汉语称谓词语研究概况及分析［J］. 江西社会科学. 2006（05）.

［159］中国社会科学院语言研究所词典编辑室. 现代汉语词典［M］. 北京：商务印书馆, 2012.

［160］周荐主编. 2006 汉语新词语［M］. 北京：商务印书馆, 2007.

［161］周琳娜. 清代新词新义位发展演变研究［D］. 山东大学, 2009.

［162］周梅芳. 基于田野调查与心理测试方法的大学生称谓语认知情况研究［D］. 华东师范大学, 2006.

［163］周向东. 陈原《社会语言学》学术价值谈——以称谓研究为标本［J］. 现代语文（语言研究版）. 2011（02）.

［164］周一农. 词汇的文化蕴涵［M］. 上海：上海三联书店, 2005.

［165］周勇闯主编. 中国流行语 2005 发布榜［M］. 上海：文汇出版社, 2005.

［166］周勇闯主编. 中国流行语 2006-2009 发布榜［M］. 上海：文汇出版社, 2006.

［167］朱晓文. 称谓语的多角度研究［J］. 修辞学习. 2005（04）.

［168］祝畹瑾. 社会语言学概论［M］. 长沙：湖南教育出版社，1992.

［169］祝畹瑾. 汉语称呼研究［J］. 北京大学学报，1990.

［170］祝畹瑾."师傅"用法调查［J］. 语文研究. 1984（01）.

［171］邹煜主编. 2018 汉语新词语［M］. 北京：商务印书馆，2019.

［172］邹煜主编. 汉语新词语（2019-2020）［M］. 北京：商务印书馆，2021.

后 记

　　本书是在作者 2014 年博士学位论文的基础上完成的。此次成书，除了对论文原稿做了小部分内容的增、删、改外，还增加了 2014—2020 年新称谓语的梳理和研究、《现代汉语词典》第 7 版新收称谓词分析、第二次关于社会称谓认知和使用现状的调查研究等内容。

　　在此感谢我的硕士和博士研究生导师云贵彬教授，在我整个研究生求学期间和博士论文写作期间都给予我全面指导和支持。感谢参加过我的博士学位论文答辩的苏金智教授、韩荔华教授、李晓华教授、赵雪教授和郭龙生研究员。

　　感谢光明日报出版社对本书稿的不弃，将之纳入光明社科文库，吾深感荣幸。

孙现瑶

2022 年 5 月

于中国传媒大学